Il était une fois...
Marcel Pagnol

par Raymond Castans

FORTUNIO

Éditions de Fallois

ŒUVRES DE MARCEL PAGNOL dans la collection FORTUNIO

SOUVENIRS D'ENFANCE

La Gloire de mon père.
Le Château de ma mère.
Le Temps des secrets.
Le Temps des amours.

L'EAU DES COLLINES

Jean de Florette.
Manon des Sources.

Marius.
Fanny.
César.

Topaze.
Angèle.
La Femme du boulanger.
La Fille du puisatier.
Regain.
Le Schpountz.
Naïs.
Merlusse.
Jofroi.
Notes sur le rire.
Confidences.
Cinématurgie de Paris.
La Petite Fille aux yeux sombres.
Judas.
Pirouettes.
Cigalon.

ŒUVRES COMPLÈTES DE MARCEL PAGNOL

Tome I : Théâtre.
Tome II : Cinéma.
Tome III : Souvenirs et romans.
Tome IV : Œuvres diverses (*à paraître*).

ISBN 2-87706-240-6 – ISSN 0989-3512.

Table

Provençal et

Je suis né
dans la ville d'Aubagne,
sous le Garlaban
couronné de chèvres,
au temps
des derniers chevriers.

universel

« L'Universel, dit un jour Marcel Pagnol, on l'atteint en restant chez soi. »
Il était alors parvenu au faîte des honneurs, de la célébrité et de la fortune. Il ne dit pas cela comme une proclamation solennelle, comme un testament spirituel. Il ne le dit pas comme péroraison d'un discours officiel. C'était au cours d'une conversation entre amis. L'Universel, Pagnol l'avait atteint. On jouait ses films dans tous les cinémas du monde, ses pièces dans tous les théâtres. On avait traduit ses ouvrages dans toutes les langues.
Cela dit, il est exact que Pagnol, atteint d'une phobie des voyages, a vécu toute sa vie dans ce polygone enchanté, sous-tendu par la Méditerranée et dont les hauts lieux sont Aubagne, sa ville natale, Marseille où il a grandi et où il a bâti ses films, où il a situé sa trilogie et enfin La Treille et ses collines qui lui ont inspiré son chef-d'œuvre littéraire et son chant du cygne. Pagnol est de là, et de nulle part ailleurs. C'est un Provençal de cette Provence et un Méditerranéen de cette Méditerranée. Il s'agit d'un pays où les sources sont rares. Celle qu'il y a trouvée ne s'est jamais tarie. Pour notre bonheur.

1

Sous le Garlaban

1. Le Garlaban (on dit aussi Garlaban sans l'article) est un éperon rocheux qui domine – à 715 mètres de hauteur – la ville natale de Marcel Pagnol et tous ses environs. Situé au nord-nord-ouest de la localité, Garlaban, visible à des kilomètres aux alentours est, pour les Aubagnais, une espèce de symbole, une référence. Dans le langage populaire du pays, on ne dit pas « né à Aubagne », mais « sous Garlaban ».

2. Marcel Pagnol est né à Aubagne « sous Garlaban » le 28 février 1895 à cinq heures de l'après-midi. Un jeudi, ce qui tombait bien. Son père, instituteur, n'avait pas classe ce jour-là. Cette photographie a été prise en mai 1897. Marcel Pagnol a vingt-sept mois.

2

1

2

Enfant d'Aubagne

3

1. La maison natale de Marcel Pagnol. Elle est située au n° 16 du cours Barthélemy. Ses parents étaient locataires de l'appartement du 3e étage. Sa mère qui se trouvait chez la sœur de son mari à La Ciotat, à quatorze kilomètres, a fait le trajet le matin même, en

AUBAGNE. — Cours Barthelemy. — EL.

carriole, pour que son enfant naisse chez elle. La dernière fenêtre à droite est celle de la chambre natale de l'écrivain.

2. Le cours Barthélemy porte le nom de l'abbé Barthélemy. Académicien français, fils d'une grande famille d'Aubagne, l'abbé Barthélemy que Choiseul, ministre de Louis XV, avait pris en amitié est l'auteur du *Voyage du jeune Anacharsis en Grèce* que Chateaubriand considérait comme un chef-d'œuvre. Au milieu du Cours, Aubagne lui avait élevé un monument, une colonne qu'on apercevait depuis le logement des Pagnol.

3. Le buste de l'abbé Barthélemy par Houdon. Lors de la naissance de Marcel Pagnol, il était placé dans une niche au sommet de la colonne. La colonne a été déplacée. Le buste aujourd'hui est au Musée de la ville.

1 2

Le témoignage des registres

1. Le carnet de la sage-femme, Mme Maria Négrel, diplômée de la Faculté de Médecine de Montpellier, installée à Aubagne. Pour elle l'enfant d'Augustine Pagnol, « garçon », né le 28 février, est le quinzième qu'elle aide à venir au monde en cette année 95. Dans la troisième colonne de ces pages, Mme Négrel inscrivait le montant de la gratification que lui donnaient les parents du nouveau-né, le jour du baptême de l'enfant. Hélas

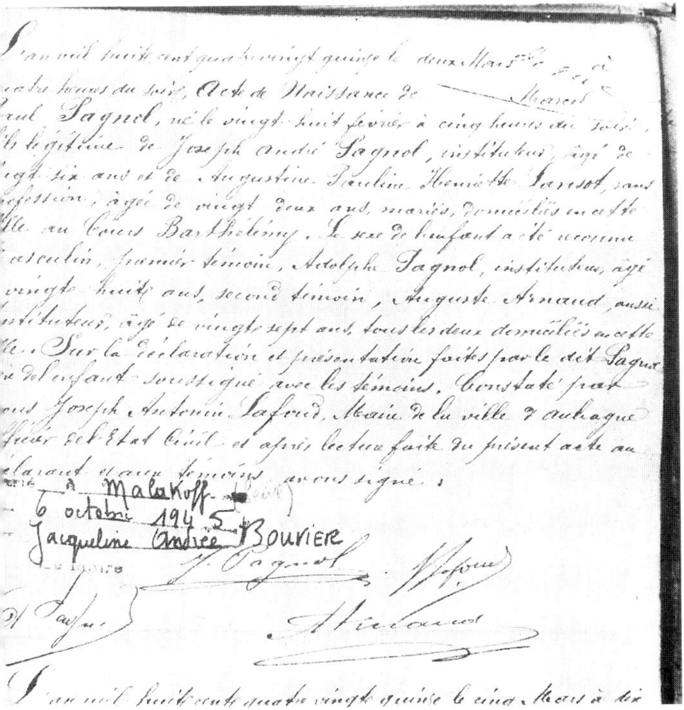
'an mil huit cent quatre-vingt quinze le deux Mars
atre heures du soir, Acte de Naissance de Marcel
aul Pagnol, né le vingt-huit février à cinq heures du soir,
ls légitime de Joseph André Pagnol, instituteur, âgé de
ingt-six ans et de Augustine Pauline Henriette Lansot, sans
rofession, âgée de vingt-deux ans, mariés, domiciliés en cette
ille au Cours Barthélemy. Le sexe de l'enfant a été reconnu
asculin, premier témoin, Adolphe Pagnol, instituteur, âgé
vingt-huit ans, second témoin, Auguste Arnaud, aussi
nstituteur, âgé de vingt-sept ans, tous les deux domiciliés en cette
lle. Sur la déclaration et présentation faites par le dit Pagnol
e de l'enfant soussigné avec les témoins. Constaté par
ous Joseph Antonin Lafond, Maire de la ville d'Aubagne
fficier de l'Etat Civil et après lecture faite du présent acte au
éclarant et aux témoins avons signé.
à Malakoff (Seine)
6 octobre 1945
Jacqueline Andrée Bouvier
J. Pagnol
Pagnol
Arnaud
L'an mil huit cent quatre-vingt quinze le cinq Mars à dix

pour elle, le père de Marcel, Joseph, instituteur farouchement anti-clérical, n'a pas voulu faire baptiser son fils et cette troisième colonne en face de la ligne Pagnol est restée blanche. Un an plus tard, à la suite d'un petit complot familial, Marcel Pagnol sera baptisé à Marseille en cachette de son père.

2. L'acte de naissance de Marcel Pagnol établi par le bureau de l'état civil de la mairie d'Aubagne. Son oncle Adolphe, instituteur, et M. Arnaud, le directeur de l'école où enseigne son père, ont signé comme témoins.

1

Un grand-père venu de la mer

1. Le Vieux-Port. Dans le Vieux-Port de Marseille, les voiliers commencent à céder la place aux bateaux à vapeur. C'est sous cet aspect que l'a découvert, au cours de son tour de France de compagnon mécanicien de marine, Auguste Lansot, perdu loin de sa Normandie originelle. C'est le grand-père maternel de Marcel Pagnol.

2. Le grand-père maternel. Jeune, superbe avec ses beaux cheveux bouclés et son jabot de dentelles, c'est la seule image de son grand-père

2

maternel que connaîtra jamais Marcel Pagnol. Né à Coutances dans la Manche aux environs de 1845, Auguste Lansot, séduit par Marseille et son soleil, restera là. Un jour de 1877, ses patrons l'ont envoyé à Rio pour dépanner un bateau. A son arrivée au Brésil, il a contracté la fièvre jaune et il en est mort. Sa fille Augustine, devenue couturière, tombera amoureux d'un jeune maître d'école du quartier de la Cabucelle, faubourg populaire de Marseille. Elle l'épousera. Ils auront trois garçons et une fille.

1

2

1. Le grand-père paternel. Le père de Joseph Pagnol, André, fils d'armurier, a choisi le métier de tailleur de pierre. Il s'est installé à Marseille. Il savait à peine lire et signer et il a beaucoup souffert de ce manque d'ins-

3

Un grand-père venu de la terre

truction. De quatre de ses six enfants, il a fait des instituteurs.

2. Compagnon tailleur de pierre. Cet habit de cérémonie, avec le chapeau et la canne à rubans, André Pagnol l'a porté le jour où il a été promu compagnon.

3. Valréas. Ce chef-lieu de canton du Vaucluse (9 000 hbts) est le pays d'origine de la famille Pagnol. Elle apparaît dans les archives municipales en 1512, juste avant la bataille de Marignan. Valréas est resté longtemps un centre important de corporation des métiers dont les membres étaient tenus à l'obligation d'effectuer le fameux tour de France des compagnons.

1

2

1. Joseph Pagnol. Le père de Marcel Pagnol a dix-huit ans. Il est élève à l'École normale d'instituteurs d'Aix-en-Provence, chef-lieu des Bouches-du-Rhône. Il y a été admis, en 1885, à la suite d'un concours difficile. Il y fera trois ans d'études.

2. L'École normale d'Aix-en-Provence. La promotion de Joseph Pagnol (le premier debout à gauche). Il y a une École normale d'instituteurs et une École normale d'institutrices dans chaque département. Elles ont été créées dans le cadre de la loi insti-

Hussard noir de la République

tuant l'enseignement public laïque gratuit et obligatoire, de véritables « séminaires où l'étude la théologie était remplacée par des cours d'anticléricalisme » *[La Gloire de mon père]*. On formait des instituteurs et des institutrices dont la mission, outre l'enseignement primaire, était d'installer la République au niveau de chaque village dans une France rurale à quatre-vingts pour cent, de transformer chaque paroisse en commune : c'étaient les « hussards » de la République.

L'école d'Aubagne

1. L'école d'Aubagne. Lors de la naissance de Marcel Pagnol son père, Joseph, enseigne à l'école Lakanal, l'unique école de garçons de la ville. A sa sortie de l'École normale d'Aix, alors qu'il s'attendait à être nommé, selon l'usage, dans un village perdu aux limites du département, il a été envoyé en stage dans une école de Marseille. D'où il a été muté à Aubagne. La signature de Joseph Pagnol apparaît pour la première fois sur le cahier des conférences pédagogiques de l'école, le 30 janvier 1889, au bas d'un rapport consacré à la « composition française ».

2. Le maître d'école. Joseph Pagnol au milieu de ses élèves. L'enseignement public

1

2

est une véritable vocation chez les Pagnol. La sœur aînée de Joseph, Marie, est directrice d'école à La Ciotat. Son frère Adolphe, second enfant de la famille, est lui aussi instituteur à Aubagne à l'école Lakanal. Enfin sa sœur Joséphine, née tout de suite après Adolphe, a été nommée à vingt-cinq ans, à Marseille, directrice de l'école primaire supérieure Edgar-Quinet, celle où l'on prépare le concours d'entrée à l'École normale d'institutrices.

Joseph et Augustine

1

1. Joseph Pagnol, le père de Marcel, « un jeune homme brun de taille médiocre sans être petit. Il avait un nez assez important mais parfaitement droit et fort heureusement raccourci par sa moustache et ses lunettes dont les verres ovales étaient cerclés d'un mince fil d'acier » *[La Gloire de mon père].*

2. Augustine Pagnol, la mère de Marcel, était une brune ravissante et élancée. Elle avait des yeux noirs de jais et n'avait pas 18 ans quand elle avait épousé Joseph Pagnol. « Je n'ai jamais su comment ils s'étaient connus, écrit Marcel Pagnol, car on ne parlait pas de ces choses-là à la maison » *[La Gloire de mon père].*

2

Le territoire de Marcel Pagnol

La carte des collines. Un triangle dont Garlaban (en haut à droite) serait le sommet et la base, la ligne du tramway Marseille-Aubagne ; c'est le territoire de Marcel Pagnol tel qu'il se présentait à l'époque des *Souvenirs d'enfance*. C'est la carte éditée par le service géographique de l'État en 1903, la première année où les parents de Marcel ont loué la Bastide Neuve aux Bellons au-dessus

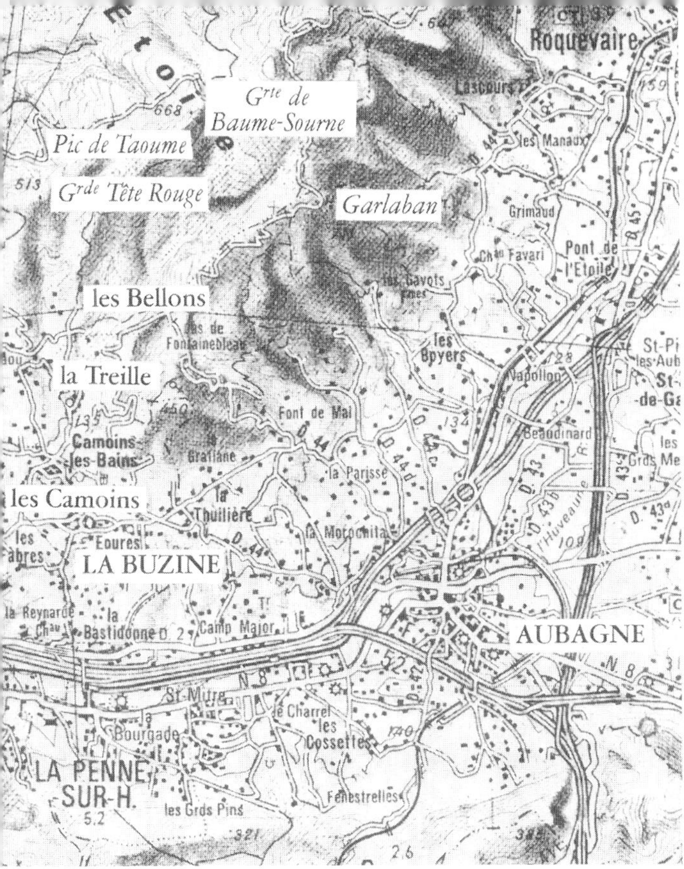

de La Treille. En quittant Aubagne, Joseph Pagnol a été nommé à Saint-Loup (en bas à gauche). C'est à La Barasse (au centre en bas) que la famille descendait du tramway pour monter à pied jusqu'aux Bellons. On retrouve là tous les lieux familiers où se déroulent les épisodes les plus fameux des *Souvenirs*. La Valentine, les Quatre-Saisons, les Camoins, les Accates, Tête Rouge, Ruyssatel, Precatori, la Baume-Sourne. Pagnol, devenu cinéaste, a tourné là la plupart de ses chefs-d'œuvre.

L'étape de Saint-Loup

2

1

1. La campagne. La famille Pagnol quitte Aubagne dans l'été 1897. Marcel Pagnol a un an et demi. Pour la rentrée des classes du mois d'octobre, son père a été nommé à l'école communale de Saint-Loup, une localité de deux mille sept cents habitants. Un saut de puce qui le rapproche de Marseille. Saint-Loup n'est qu'à six kilomètres à l'est de la Canebière. Mais c'est alors la pleine campagne. C'est aujourd'hui un des quartiers les plus populeux de la ville.

2. Un gros village. On compte à Saint-Loup en 1897 cinq boulangers, cinq bouchers, quatre cercles, huit épiceries, trois cafés, cinq cordonniers, trois tonneliers et deux charrons. A l'école, il y a quatre classes. C'est à Saint-Loup, intégré dans Marseille, qu'a été inauguré en 1967 le lycée Marcel-Pagnol. Ce jour-là, Marcel remerciait les autorités d'avoir « inscrit sur la façade du plus beau lycée de France son prénom, suivi du nom de son père, l'instituteur de Saint-Loup ».

1

1. La Bonne Mère et le Pont Transbordeur. Joseph Pagnol est nommé instituteur à Marseille le 1er juin 1900. Le port de Marseille connaît une prospérité fabuleuse. Il a pris une importance mondiale : le percement du Canal de Suez, quarante ans plus tôt, en a fait la grande porte de l'Orient et de l'Extrême-Orient – le « port des sept mers ». Le symbole en est le Pont Transbordeur, figure surréaliste

Le Marseille de 1900

2

géante dessinée sur le bleu du ciel et de la mer. Et Notre-Dame de la Garde – la Bonne Mère – veille sur cet univers.

2. Le Vieux-Port en 1903. Encombré de charrettes, de tramways. C'est le cadre où vit toute une population joyeuse de pêcheurs, de portefaix, mais aussi d'armateurs, d'acconiers, de transitaires. Marseille compte plus de cinq cent mille habitants dont plus de cent mille immigrés, des Grecs, des Turcs, des Espagnols, des Italiens. Marcel Pagnol y vivra une enfance, une adolescence et une jeunesse heureuses. Marseille lui inspirera *Marius, Fanny, César.*

Le Marseille des Marseillais

1

1. Victor Gelu. « Regarde-le comme il est beau, dit César de Panisse dans la partie de cartes de *Marius,* on dirait la statue de Victor Gelu. » Victor Gelu était un écrivain et poète populaire, le « Zola marseillais ». Sa statue, où il était représenté dans une attitude déclamatoire, se trouvait tout près du Vieux-Port. Elle a disparu pendant la guerre 39-45.

2. La Plaine. Ou plutôt la plaine Saint-Michel. Une grande place dans le quartier de l'école où a été nommé Joseph, où les Pagnol habitent, où Marcel va grandir. « Le soleil y brille plus clair qu'en aucun autre endroit au monde… Le matin, elle est occupée par un marché de légumes. Puis des balayeurs nourris d'apéritif poussent au ruisseau des verdures flétries… Sur les deux heures, des nourrissons viennent y brunir au soleil » *[Pirouettes].*

2

3

3. Le ferriboite. Il s'agit d'un bateau qui fait le va-et-vient aux deux extrémités du Vieux-Port, assurant le même service que le Pont Transbordeur. Le personnage d'Escartefigue de la Trilogie est le capitaine de ce « ferry-boat » transformé, dans le parler marseillais, en ferriboite.

142
220 — Marseille. - Plaine Saint-Michel.

A6841

L'école et la famille

1. et 2. L'école des Chartreux. Joseph Pagnol a été nommé à Marseille à l'école des Chartreux, la plus importante de la ville. Onze maîtres y font la classe. C'est dans cet établissement que Marcel Pagnol préparera le « concours des bourses » qui – s'il y est reçu, et il y est reçu – lui ouvrira toutes grandes les portes du lycée de Marseille où il fera ses études secondaires jusqu'au baccalauréat et, au-delà, sa khâgne.

3. La famille au complet. Pas tout à fait. Le petit René n'est pas encore né. Mais Joseph et Augustine Pagnol sont là, entourés de leurs trois premiers enfants. Marcel (à droite), le petit Paul (à gauche) et, sur les genoux de sa mère, la petite sœur Germaine.

1

2

3

1

1. **Le lycée Thiers.** Après son succès au concours des bourses, son père décide que Marcel Pagnol fera des études classiques. Son père rêve d'en faire un jour un professeur. Il l'envoie au lycée Thiers.

2. **La classe de troisième.** Pour la photographie traditionnelle deux inséparables se sont placés côte à côte : Albert Cohen et Marcel Pagnol (les deux à gauche du

Les camarades

3

2

du lycée Thiers

4

Composition Française

1er Prix.		Estelle, Monclar.
2.		Aviérinos, Fernand, de Marseille.
1er Acc.		Pagnol, Marcel, d'Aubagne.
2.	—	Bosc, Louis, de Marseille.
3.	—	Palafer, Gabriel, de Marseille.
4.	—	Dor, Paul, de Marseille.
5.	—	Métral, Edouard, de Marseille.
6.	—	Cézilly, Marius, de Marseille.
7.	—	Bettini, Théodore, de Marseille.
8.	—	Barrière, Jean, de Gap.
ex æquo		Coen, Albert, de Corfou.

Version Latine

premier rang debout). Albert Cohen, futur auteur de *Mangeclous*, futur Grand Prix du Roman de l'Académie française.

3. Les deux amis. Marcel Pagnol en classe de troisième est déjà un enfant très coquet

4. Le palmarès. En première A, en composition française, Pagnol (d'Aubagne) a le premier accessit. Cohen (de Corfou) le huitième ex æquo.

1

2

1. La khâgne. Cette photographie de classe est très émouvante. Ce sont les élèves de rhétorique supérieure du lycée de Marseille qui achèveront leur année

Le souvenir d'Edmond Rostand

scolaire le 13 juillet 1914. Le 2 août, la guerre sera déclarée. Sur les treize jeunes garçons représentés ici, six seront tués sur le front. Marcel Pagnol – assis au deuxième rang, le premier à droite – a dix-huit ans. Il a créé avec des amis sa première revue littéraire mensuelle, *Fortunio*.

2. et 3. Edmond Rostand. On peut penser que sa vocation d'auteur dramatique, c'est au lycée de Marseille que Marcel Pagnol l'a contractée. Les salles de classe, d'études, les cours de récréation de l'établissement résonnent des échos de la gloire d'un grand ancien qui a quitté le lycée seulement quelques années plus tôt. Il s'agit du Marseillais Edmond Rostand, devenu à Paris l'auteur dramatique le plus célèbre de son époque, l'auteur de *Cyrano de Bergerac* et de *L'Aiglon*. Marcel Pagnol – en khâgne – écrit lui-même en collaboration avec Monclar Estelle, le meilleur élève de la classe, une pièce en vers – comme celles de Rostand – qu'il oubliera. Monclar Estelle, mobilisé, disparaîtra pendant la guerre.

3

Tarif des Consommations de l'Alcazar.

LE JOUR ET AVANT LE CONCERT.	F.	C.
Biscuit	»	15
Café	»	25
Cognac, le petit verre	»	25
Absinthe	»	30
Vermouth	»	30
Eau sucrée	»	30
Bière, la petite bouteille	»	30
Thé	»	40
Vin chaud	»	40
Suissesse	»	40
Punch au rhum ou kirch	»	50
1/2 Glace	»	50
1/2 Limonade gazeuse	»	50
Fruits confits	»	50
Bavaroise	»	50
Orgeat	»	50
Limonade au citron	»	50
Liqueurs fines	»	50
Grog	»	50
Soda	»	60
Bière, la bouteille	»	60
Limonade gazeuse	»	75
Glace	»	75
Bière de Bavière	1	»
1/2 Bol de Punch au rhum ou au kirch	4	»
Bol de Punch au rhum ou au kirch	6	»
Champagne, la bouteille	5	»
Vins fins, la bouteille	3, 4, 5	»

PENDANT LE CONCERT.	F.	C.
Biscuit	»	20
Café	»	50
Bière, la petite bouteille	»	50
Absinthe	»	50
Vermouth	»	50
Eau sucrée	»	50
Sirop	»	50
Fil en huit	»	50
1/2 Thé	»	50
Café, Cognac	»	75
1/2 Limonade gazeuse	»	75
Punch au rhum ou kirch	»	75
Vin chaud	»	75
Liqueurs fines	»	75
1/2 Glace	»	75
Fruits confits	»	75
Bavaroise	»	75
Limonade au citron	»	75
Orgeat	»	75
Grog	»	75
Suissesse	»	75
Thé	»	75
Limonade gazeuse	1	»
Soda	1	»
Glace	1	»
Bière, la bouteille	1	»
Sorbet	1	25
Bière de Lyon, la cruche	1	50
Bière de Bavière	1	50
1/2 Bol de Punch au rhum ou au kirch	6	»
Bol de Punch au rhum ou au kirch	10	»
Champagne, la bouteille	6	»
Vins fins, la bouteille	3, 4, 5	»

AUX GALERIES PENDANT LE CONCERT.	F.	C.
Biscuit	»	20
Café, cognac	»	75
Bière, la petite bouteille	»	75
1/2 Glace	»	75
Limonade gazeuse, syphon	»	75
Soda, syphon	»	75
Fruits confits à la liqueur	»	75
Bavaroise	»	75
Vin chaud à la française	»	75
Punch au rhum ou kirch	»	75
Eau sucrée	»	75
Thé	»	75
Suissesse	»	75
Grog	»	75
Orgeat	»	75
Sirops assortis	»	75
Limonade fraîche	»	75
Liqueurs assorties	»	75
Glace	1	»
Bière, la bouteille	1	»
Sorbet	1	»
Bière de Lyon, la cruche	1	50
Bière de Bavière	1	50
1/2 Bol de Punch au rhum ou au kirch	6	»
Bol de Punch au rhum ou au kirch	10	»
Champagne, la bouteille	6	»
Vins fins, la bouteille	3, 4, 5	»

1

2

L'Alcazar du cours Belzunce

1. et 2. L'Alcazar de Marseille. La salle et le hall d'entrée. Marseille est la capitale du music-hall et le haut lieu en est un établissement du cours Belzunce : l'Alcazar. De Polin et Mayol jusqu'à Montand et Bécaud, toutes les vedettes du siècle ont débuté là. On y joue aussi – à l'époque où Marcel Pagnol est lycéen – des revues marseillaises qui « continuaient une tradition millénaire, celle des atellanes latines. En écrivant *Marius,* dit Pagnol, j'avais dans l'oreille la voix des acteurs de l'Alcazar ».

L'aventure Fortunio

1. Avec Jean Ballard. En janvier 1914, Marcel Pagnol lance avec quelques amis une revue littéraire, *Fortunio,* qui publiera six numéros. Le 1er juillet 1921, il fait reparaître *Fortunio.* Il a réuni autour de lui une équipe de jeunes gens passionnés de littérature, au premier rang desquels Jean Ballard. Celui-ci continuera à faire paraître la revue sous le titre *Les Cahiers du Sud.* Paul Valéry, Saint-John Perse, Jules Supervielle, Paul Éluard collaboreront aux *Cahiers du Sud* qui paraîtront jusqu'en 1966.

2. *Fortunio.* Le premier numéro, paru le 1er janvier 1914.

3. Arno-Charles Brun. Collaborateur de *Fortunio,* fonctionnaire des douanes. C'est à lui que Pagnol empruntera le nom de son personnage « Monsieur Brun ».

4. Louis Brauquier. Poète et peintre de talent. Passionné de voyages à l'autre bout du monde. Il aurait inspiré le personnage de Marius.

5. Pagnol (à l'époque de *Fortunio*) dessiné par Carlo Rim qui deviendra cinéaste et metteur en scène.

1

FORTVNIO
REVVE
LITTERAIRE
ARTISTIQVE
THEATRALE

SOMMAIRE

Couverture de
G. Saint-Antonin
Ballade de Présentation
A Beethoven
Khrima .... M. Nalpas
Le Chemin Etoilé
Retour
Fabellus .... M. Pagnol
Heures Parisiennes
La Vie Théâtrale

2

3

4

5

1

L'âge d'homme

1. Professeur. Marcel Pagnol (au dernier rang à droite) avec les professeurs du lycée d'Aix-en-Provence. Il porte les cheveux longs et la cape romantique.

2. *Catulle.* Sa première pièce éditée en 1929.

3. Simonne Collin, sa première femme (au premier plan). Pagnol l'épouse le jour même de ses vingt et un ans.

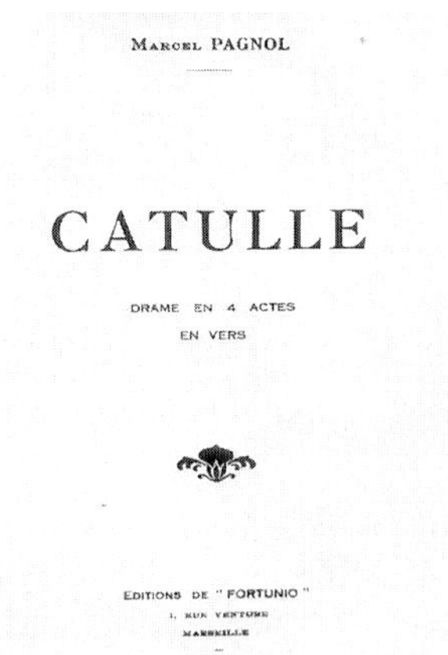

MARCEL PAGNOL

CATULLE

DRAME EN 4 ACTES
EN VERS

EDITIONS DE "FORTUNIO"
1, RUE VENTURE
MARSEILLE

2

3

Paris

1

2

et la scène

Dans les années 20, pour qui ambitionne de faire carrière dans les arts ou dans la littérature, Paris est le test, le passage obligé, la capitale à séduire, la citadelle à conquérir. C'est avec ce désir, chevillé au corps, que Pagnol débarque à l'automne 22 à la gare de Lyon. Il a vingt-sept ans et il vient d'être nommé professeur adjoint au lycée Condorcet. Il a déjà une pièce dans sa serviette, *Catulle,* quatre actes et en vers « à la façon » d'Edmond Rostand – marseillais comme lui et auteur célébrissime de *Cyrano de Bergerac*. Il veut en écrire d'autres, mais choisit, pour le faire, le genre qui a la faveur du temps, le théâtre satirique bourgeois de Becque et de Mirbeau. Sa troisième pièce, *Topaze*, lui vaut, de la part du public et de la critique, un accueil triomphal. Ce qui, paradoxalement, va marquer pour lui la fin de cette inspiration. Sa gloire lui permet de faire jouer *Marius* – un triomphe aussi. Marcel Pagnol impose un théâtre nouveau. Un théâtre ensoleillé, fait de verve et de joie de vivre, de chaleur et de couleurs. Un théâtre de la Méditerranée et qui entrera dans l'histoire comme le théâtre de Marcel Pagnol. Il réalisera dans ce ton et dans cet esprit toute la suite de son œuvre.

Les Marchands de gloire

1. Antoine. C'est l'homme de théâtre le plus influent de Paris dans les années 20, un des premiers à découvrir le talent de Marcel Pagnol.

2. *Les Marchands de gloire*. Première pièce de Pagnol jouée à Paris. Il l'a écrite en collaboration avec son ami Paul Nivoix. C'est une pièce satirique qui dénonce les profiteurs de guerre et ceux qui, la paix revenue, exploitent le sacrifice des soldats morts. *Les Marchands de gloire* ont été créés au Théâtre de la Madeleine. La critique est très favorable, mais le public boude. La pièce n'est jouée que treize fois. Mais on la monte quelques mois plus tard à New York et à Moscou.

3. L'affiche. Création 1925.

4. Paul Nivoix. Pagnol a fait sa connaissance à Marseille Arrivé à Paris avant Pagnol, Paul Nivoix l'a aidé à s'installer et à pénétrer les milieux de théâtre.

1

2

THÉÂTRE de la MADELEINE
19. Rue de Surène — à 50 mètres de la Madeleine — Tél. Elysées 86-25
TOUS LES SOIRS, à 8 h. 30
LES
MARCHANDS
DE
GLOIRE
Pièce en 4 actes et un Prologue
DE MM. MARCEL PAGNOL ET PAUL NIVOIX
Mise en scène de M. SIGNORET
DIMANCHES ET FÊTES, MATINÉE A 2 H. 30

3 4

1

Orane et Jazz

1. Chez Dullin. Marcel Pagnol y fait la connaissance d'Orane Demazis (assise à gauche). Elle fait partie de la troupe de Charles Dullin à l'Atelier, un des théâtres d'avant-garde de la capitale.

2. Orane Demazis. Elle va jouer les premiers rôles dans la vie et dans les œuvres de Marcel Pagnol pendant près de quinze ans. Elle lui donnera un fils, Jean-Pierre.

3. L'affiche. *Jazz*, créé à Monte-Carlo, a été repris aussitôt à Paris au Théâtre des Arts le 26 septembre 1926.

4. Harry Baur. La pièce se situe dans les milieux de l'université. Elle met en scène le drame d'un professeur, un érudit qui a consacré sa vie à l'étude d'un manuscrit ancien, d'une importance historique capitale, et qui découvre que c'est un faux.

2

THÉATRE DES ARTS
Tél.: Wagram 56-03 | 78 bis, Boulevard des Batignolles, 78 bis | Métro: VILLIERS et ROME
Directeur : RODOLPHE-DARZENS
RIDEAU à 20 h. 45 et 2 h. 45
HARRY-BAUR
PIERRE BLANCHAR
"JAZZ"
Comédie dramatique, en 4 actes, de Marcel PAGNOL
Décors de M. Eugène PRÉVOST
JEAN D'YD
ALBERT COMBES
PAULE MARSA
MARC VALBEL
Paul CASTAN
EVELYNE MARLY
RENÉ KOK
RENÉE FOURNIER
JACQUES FAURON
ROGER ROUSSOT
ORANE DEMAZIS
MATINÉES : Dimanches et Fêtes

3

4

1

2

La naissance de Topaze

1. André Lefaur, comédien vedette du théâtre de boulevard, crée *Topaze* le 9 octobre 1928 au Théâtre des Variétés. C'est un triomphe. Le soir de la générale, la salle entière, debout, acclame sans fin les comédiens et l'auteur. Le lendemain, la critique est enthousiaste. A propos de Pagnol elle évoque Becque, Labiche, Courteline. « J'ai entendu dans l'ombre, écrit Maurice Rostand, les applaudissements de Molière et de Marivaux. » Le bruit du triomphe se répand dans Paris à une vitesse vertigineuse. Comme pour son aîné Edmond Rostand, le théâtre apporte à Pagnol en un soir la gloire et la fortune. « André Lefaur, disait Marcel Pagnol, était un peu âgé pour le rôle de Topaze, mais un Topaze de vingt-cinq ans n'aurait pas eu l'expérience suffisante pour porter un rôle aussi lourd. »

2. L'affiche. Topaze est le nom du personnage principal. Dans un premier temps, la pièce devait s'appeler *Monsieur Topaze*. On trouva que c'était trop long. On voit pour la première fois sur une affiche le nom de Pierre

3

Larquey. Celui-ci avait gagné un concours de comédiens amateurs. *Topaze* décida de sa carrière. A sa mort (en 1962) Pierre Larquey avait joué quarante pièces et près de deux cents films.

3. La classe de Topaze. Topaze enseignant dans une pension privée enseigne la morale à ses élèves. Flanqué à la porte par son directeur parce qu'il avait refusé de donner à un fils à papa une bonne note imméritée, il devient, malgré lui, affairiste douteux et découvre que, dans la vie moderne, les principes de morale qu'il enseignait sont bien peu mis en pratique.

1

2

Topaze dans le monde entier

1. *Topaze* à Berlin. On peut penser que les opérations douteuses, les collusions immorales entre le monde politique et celui des affaires, les combines et les magouilles portées à la scène sur le mode comique par Marcel Pagnol sont de tous les temps et de tous les pays. Au lendemain de son triomphe parisien, *Topaze* est représenté et reçoit le même accueil enthousiaste dans toutes les capitales d'Europe. Ici au Théâtre de la Renaissance à Berlin.

3

2. *Topaze* à Milan. C'est la même scène du premier acte. *Topaze* est alors représenté en même temps au Théâtre de l'Académie à Moscou, au Théâtre Royal d'Amsterdam, au Théâtre National de Zagreb, au Théâtre National de Belgrade, au Théâtre de la Gaieté de Budapest, dans différents théâtres de Goteborg, de Copenhague, d'Odessa. Enfin de Londres, de Québec et de New York.

3. Caricature. Le triomphe de *Topaze* a fait, du jour au lendemain, de l'ancien petit pion du lycée Condorcet une des personnalités parisiennes les plus en vue. Ses confrères Henry Bernstein, Tristan Bernard saluent son succès. Les journaux publient ses caricatures. Le voici, dessiné par Rip qui est alors l'un des grands spécialistes de la reine, l'un des auteurs les plus joués du boulevard.

1

2

Raimu dans Marius

1. Raimu. Dans la loge du Théâtre de Paris avec Marcel Pagnol dont il vient de créer la nouvelle pièce, *Marius*. *Marius,* c'est la comédie qui a inspiré à son auteur « exilé » à Paris la nostalgie de Marseille, du Vieux-Port, de la Canebière, des joyeux Marseillais surtout. « Je ne savais pas que j'aimais Marseille, écrit-il dans sa préface, ville de marchands,

3

de courtiers et de transitaires… le charme des petites rues… m'avait toujours échappé. Mais l'absence souvent révèle nos amours… » Le public a fait à la pièce un accueil triomphal. Avec *Marius* Raimu commence sa grande carrière d'acteur pagnolesque qui lui vaudra ses plus beaux rôles et sa légende. Création 1929.

2. L'affiche. Raimu et Pagnol avaient décidé de n'engager pour *Marius* que des comédiens avec l'accent provençal le plus pur, ce qui est le cas de Charpin, de Maupi ou d'Alida Rouffe. Léon Volterra engagea Pierre Fresnay qui réussit à prendre l'accent de la Canebière avec beaucoup d'habileté, et à séduire Raimu.

3. Le petit déjeuner. Face à face, le père et le fils, Raimu et Pierre Fresnay. « Dans son métier, dit Fresnay, Raimu avait toujours raison. »

Paris acclame les Marseillais

1. L'affrontement. Avec *Marius,* Pagnol avait écrit – pour l'Alcazar de Marseille – une comédie basée sur l'argument le plus classique de la jeune fille que se disputent un jeune homme et un barbon. C'est le thème de *L'École des femmes* de Molière et du *Barbier de Séville* de Beaumarchais. Panisse, le barbon, en était donc un personnage principal et c'est pour jouer son rôle qu'on avait engagé Raimu. Celui-ci exigea de jouer César – qui n'était qu'un rôle secondaire. « Pourquoi ? lui demanda Léon Volterra. — Parce que, répondit Raimu, l'action se déroule dans le bar de César. Et ce n'est pas M. Raimu qui se dérange pour aller chez M. Charpin. C'est M. Charpin qui vient chez M. Raimu. » Il n'était pas question de le faire revenir sur cette idée qui se révèle géniale. Son immense talent allait faire basculer l'équilibre de la pièce. Elle devint grâce à lui la pièce du père et du fils. L'affrontement entre Panisse et Marius pour les beaux yeux de Fanny (Orane Demazis, à droite) n'en reste pas moins une des scènes essentielles de la comédie.

2. Fanny et Honorine. Honorine, qui par hasard a découvert sa fille couchée avec Marius, la traite de « fille perdue ». Pour Honorine, Pagnol était allé à Marseille engager Alida Rouffe, une des vedettes de l'Alcazar et des théâtres provençaux. C'était une enfant de la balle.

1

2

1

2

On crée Fanny avec Harry Baur

1. Harry Baur et *Fanny*. *Fanny* est créée au Théâtre de Paris le 5 décembre 1931. Mais au cours des répétitions, une violente altercation oppose Raimu et Volterra (le directeur). Celui-ci, fou de colère, a retiré son rôle à Raimu. Il faut trouver un autre interprète pour César. Après beaucoup d'essais, le rôle est confié à Harry Baur.

2. L'affiche. Des comédiens de *Marius*, il ne manque pas que Raimu sur l'affiche de *Fanny*. Alida Rouffe, victime d'un accident de chemin de fer, a dû déclarer forfait. Enfin, le rôle de Marius est repris par un jeune comédien marseillais d'une grande beauté, Berval.

3. Les amis. Par contre Charpin-Panisse, Vattier, Maupi, et Dullac-Escartefigue, sont là.

4. Le retour du marin. Dernière scène de *Fanny*. Marius repartira.

3

4

Le cinéma

1

se met à parler

Marcel Pagnol, pendant les prises de vues de *Fanny,* pose avec l'équipe historique de la Trilogie, Raimu, Maupi, Charpin et (debout) Vattier et Mouries. Quand en 1929 le cinéma, jusque-là muet, devient sonore et parlant, Marcel Pagnol, qui a vu à Londres le premier film parlant, déclare : « Le cinéma, c'est désormais l'affaire des auteurs dramatiques… Être muet, c'est une infirmité, comme être boiteux. Un boiteux guéri ne boite plus. Un cinéma qui peut parler, on ne le fera plus taire. C'est un art nouveau qui vient de naître. Un art complet. »

Ces déclarations soulèvent un véritable tollé chez les cinéastes bien sûr, mais aussi chez les auteurs de théâtre.

« Pour ma part, déclare Marcel Pagnol, je n'écrirai plus de pièces de théâtre. J'écrirai des films. »

Quelques mois plus tard, la Paramount, tourne en France *Marius* en 1931, *Topaze* en 1932.

« Le cinéma parlant a probablement sauvé la force créative de Marcel Pagnol, explique Marcel Achard. Le triomphe est un calvaire desséchant. Grâce au cinéma nouveau Pagnol passionné se décide à écrire sur pellicule. Et pour notre plaisir à tous il continue son œuvre.

1

2

Alexandre Korda tourne Marius

1. Pagnol et Korda. Aussitôt que le cinéma s'est mis à parler, la Paramount, une des cinq « Major Compagnies » d'Hollywood, a installé en France une unité de production et des studios à Saint-Maurice. On va tourner là des films destinés à l'immense public européen. Pour tourner *Marius* on a fait venir de Californie un metteur en scène hongrois qui a appris son métier à Hollywood, Alexandre Korda. « C'est Korda qui m'a tout appris », dira Pagnol toute sa vie. Plus tard Korda s'installera à Londres, deviendra anglais, fera dans le cinéma britannique une carrière éblouissante. La reine l'élèvera au grade de « Sir ».

3

2. L'affiche. C'est l'affiche de la version française. Car dans les mêmes décors, on tourne le film en même temps en français, en allemand et en scandinave.

3. Le père et le fils. César et Marius, le père et le fils, se retrouvent face à face devant les caméras d'Alexandre Korda comme sur la scène du Théâtre de Paris ; La Paramount aurait voulu que le film soit tourné avec les comédiens qu'elle avait sous contrat. Victor Francen aurait joué César, Henri Garat, Marius, Marguerite Moreno, Honorine. C'est Korda qui décida et imposa qu'on réalise le film avec la troupe du théâtre.

1

Le cinéma fait d'eux des héros nationaux

1. La partie de cartes. On sait que Marcel Pagnol – trouvant que cette scène faisait un peu plaquée sur l'action – l'avait coupée avant les répétitions de la pièce au Théâtre de Paris. Raimu qui l'avait lue dans une version précédente demanda qu'elle soit réintégrée dans la pièce.

2

3

4

2. Panisse. Maître voilier du Vieux-Port. Fernand Charpin qui était de Venelles (aux environs d'Aix-en-Provence) était le seul comédien classique de la troupe. Il avait joué *Cyrano de Bergerac.*

3. La surprise d'Honorine. Elle découvre que sa fille Orane s'est donnée à Marius. Elle en est toute bouleversée.

4. Fanny et Marius. Marius a 22 ans. « Il est pensif et gai. » Fanny a 18 ans. Ils sont jeunes et beaux. Et ils s'aiment.

BIEN MAL ACQUIS
NE PROFITE JAMAIS
mercredi 17 Avril
Composition de Morale

1

SYSTÈME
TOPAZE

2

Jouvet tourne Topaze

1. Louis Jouvet-Topaze. Pour jouer le rôle de Topaze au cinéma, la Paramount a choisi Louis Jouvet, choix que Pagnol a approuvé. Pagnol a beaucoup d'estime pour Jouvet qu'il considère comme un des tout premiers comédiens de Paris. D'ailleurs, quand il eut fini d'écrire *Topaze,* il lui en avait envoyé une copie dans l'espoir que le rôle l'intéresserait. Mais Jouvet venait de créer avec un grand succès à la Comédie des Champs-Élysées la pièce de Jean Giraudoux, *Siegfried,* et il n'était pas question pour lui de s'engager ailleurs. C'est Jouvet qui a créé aussi le chef-d'œuvre de Jules Romains, *Knock,* une des premières pièces que soit allé voir Pagnol à son arrivée à Paris.

2. Topaze businessman. Le cinéma permet de sortir du cadre étroit de la scène et de montrer ce dont au théâtre on se contente de parler. Par exemple « les balayeuses municipales Système Topaze ».

3

3. Edwige Feuillère. Pour le rôle de Suzy Courtois qui détourne Topaze du droit chemin, personnage créé à la scène par Jeanne Provost, on engage l'une des plus jolies actrices débutantes de l'époque. Elle fera une grande carrière à la scène comme à l'écran. C'est Edwige Feuillère.

1

2

On tourne Fanny à Marseille

1. Orane et Marcel. Pour réaliser le film tiré de *Fanny,* Marcel Pagnol, instruit par son expérience de la Paramount, décide de se faire producteur. Il s'associe avec un jeune producteur audacieux récemment arrivé de Marseille et fasciné lui aussi par l'avenir du cinéma parlant : Roger Richebé.

2. Pagnol et Marc Allégret. Richebé et Pagnol confient la mise en scène de *Fanny* à Marc Allégret, jeune réalisateur qui a déjà tourné, avec Raimu, *Mam'zelle Nitouche* et *La Petite Chocolatière.*

3. Le mariage. Alida Rouffe, qui n'avait pas pu jouer *Fanny* à la scène, a repris au cinéma le rôle d'Honorine.

4. Raimu. Raimu, que Volterra avait éliminé au théâtre de la distribution de *Fanny,* reprend le rôle de César.

3

4

1

2

Raimu revient

1. Césariot. Toute l'action de *Fanny* tourne autour de l'enfant de Fanny dont le père est Marius parti à l'autre bout du monde et à qui Panisse, en épousant sa mère, a donné son nom.

2. La naissance. Panisse depuis toujours rêve d'avoir un fils. Sur la façade de son

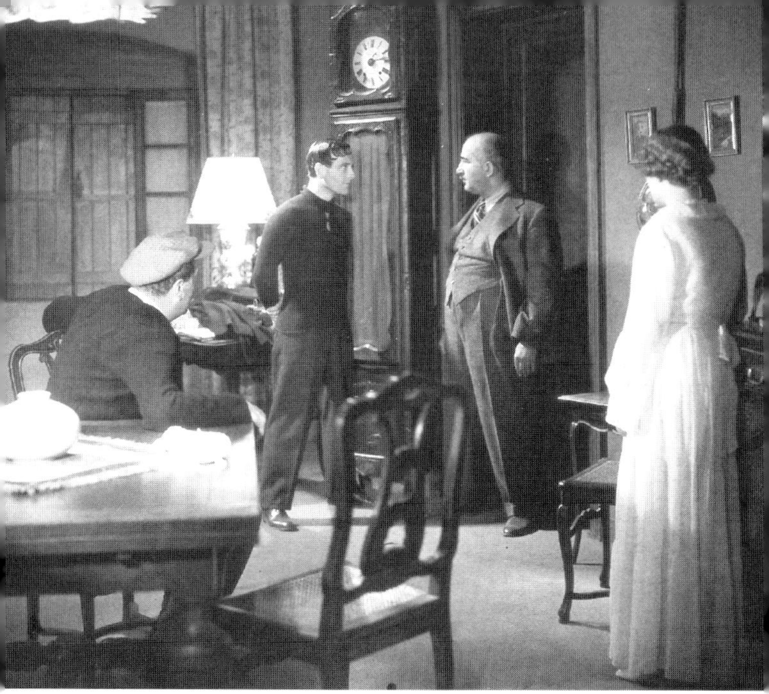

3

magasin, les lettres PANISSE sont nettement déportées vers la gauche. Il a laissé sur la droite tout un espace blanc dans l'espoir d'y accrocher un jour les six lettres ET FILS qu'il conserve en grand secret dans le tiroir de sa caisse. Sa première femme Félicité est morte sans lui avoir laissé d'enfant. Aussitôt qu'il sait que l'enfant que Fanny vient de mettre au monde est un garçon, il se précipite sur une échelle double pour compléter son enseigne.

3. Le retour du marin. Marius revenu en mission à Marseille arrive chez Fanny pour lui demander de quitter son mari et de venir, avec leur fils, vivre avec lui. Fanny céderait. Pierre Fresnay a repris dans le film le rôle qu'il n'avait pas joué à la scène en raison de sa brièveté.

La Grande

1

Époque

Sur la place du village du Castellet, dans le Var, Marcel Pagnol dirige lui-même Raimu pendant les prises de vues de *La Femme du boulanger.* En 1933, irrité par les exigences des metteurs en scène sur les affiches des films tirés de ses œuvres, par le sentiment, aussi, que certains en avaient trahi l'esprit, Marcel Pagnol prend une décision : dorénavant, il réalisera ses films lui-même. Ainsi il en sera « l'auteur complet ».

Marcel Pagnol réalise alors son premier film de long métrage, *Angèle,* unanimement reconnu – et encore aujourd'hui – comme son chef-d'œuvre.

Il ne s'arrête pas là. Dévoré par sa passion du cinéma, Marcel Pagnol construit des studios, les équipe, crée son agence de distribution, achète des salles de projection. Il a une équipe de techniciens mensualisés. Et tout cela, sans cesser d'écrire et de réaliser des films. Avec, pour les interpréter, une compagnie de comédiens merveilleux et deux acteurs fabuleux à qui il donne la chance de leur vie : Raimu et Fernandel. Tous ses films sont accueillis triomphalement par un public ravi, fidèle. Marcel Pagnol est dorénavant le maître absolu de son destin cinématographique. C'est un cas unique dans l'histoire du cinéma.

Le temps de faire ses gammes

1. *L'Article 330.* Pagnol ayant décidé de tourner ses films lui-même et afin d'illustrer sa formule « Le cinéma parlant doit parler » tourne le chef-d'œuvre de Georges Courteline *L'Article 330.*

2. *Les Cahiers du Film N°1.* Pour exposer et défendre ses théories sur le cinéma nouveau – affaire des auteurs dramatiques – Pagnol publie un mensuel *Les Cahiers du Film.*

3. Pagnol metteur en scène. Réglant une scène du *Gendre de Monsieur Poirier.*

4. Jean Debucourt et Annie Ducaux, dans *Le Gendre de Monsieur Poirier.*

5. Le moulin d'Ignières. C'est dans cette propriété qu'il a achetée dans la Sarthe que Marcel Pagnol a installé les studios où il a tourné ses premiers films.

1

2

3

4

5

1

Scotto - Jofroi - Giono

1. Scotto-Jofroi. Vincent Scotto, le compositeur de musique populaire qui, pendant un demi-siècle, a donné à toutes les vedettes de la chanson, de Polin à Joséphine Baker, de Polaire à Tino Rossi, les airs qui les ont rendus célèbres, est un ami de Pagnol. C'est à lui que Pagnol confie le grand rôle du premier film qu'il va tourner dans son village de La Treille : *Jofroi* d'après Giono.

2. Marcel Pagnol par Toë.

3. Jean Giono. Pagnol a acquis tous les droits cinématographiques de l'œuvre de Giono qui lui fournira plusieurs sujets de film.

4. Les Collines. Tout *Jofroi* est tourné en décors réels, autour de La Treille.

2

3

4

1

2

3

Angèle: l'arrivée de Fernandel

1. Entrée de Fernandel. Marcel Pagnol engage Fernandel pour la première fois en 1934 pour *Angèle,* qu'il va tourner d'après l'œuvre de Jean Giono *Un de Baumugnes.* Fernandel qui a débuté comme comique troupier a tourné surtout des vaudevilles militaires. *Angèle* sera le tournant de sa carrière. Le lendemain de la présentation du film la presse unanime saluait en lui un comédien sublime.

2. Saturnin. Dans *Angèle,* Fernandel joue le rôle de Saturnin, valet de ferme un peu simplet qui aime d'un amour impossible Angèle, la fille de ses maîtres. Il ira jusqu'au meurtre pour la délivrer du voyou qui l'oblige à se prostituer.

3. Angèle. Orane Demazis a pour partenaire Jean Servais. C'est lui Albin, « un de Baumugnes ».

Le grand film d'Orane

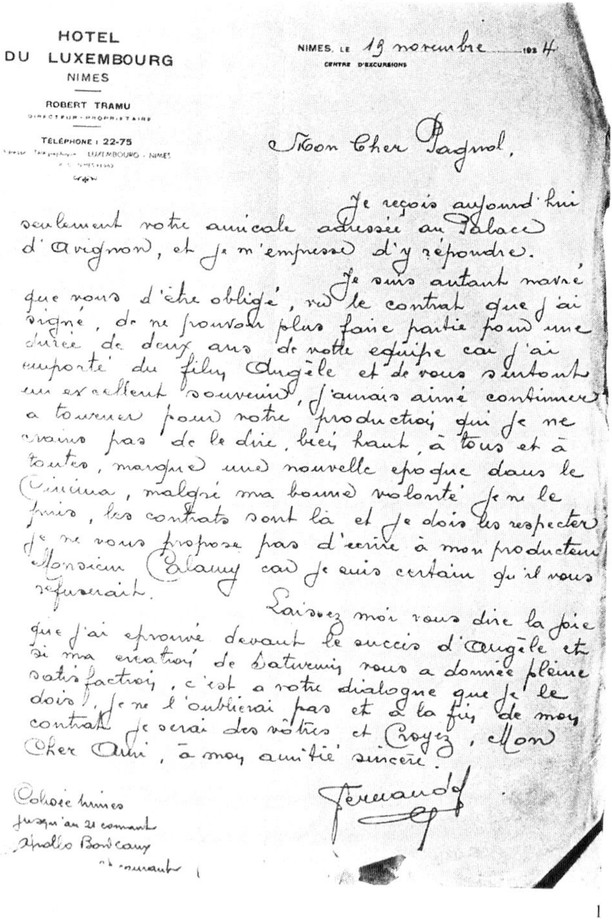

HOTEL
DU LUXEMBOURG
NIMES

ROBERT TRAMU
DIRECTEUR-PROPRIÉTAIRE

TÉLÉPHONE : 22-75
Adresse Télégraphique : LUXEMBOURG - NIMES
R. C. [illegible]

NIMES, LE 13 novembre 1934
CENTRE D'EXCURSIONS

Mon Cher Pagnol,

Je reçois aujourd'hui seulement votre amicale adressée au Palace d'Avignon, et je m'empresse d'y répondre.

Je suis autant navré que vous d'être obligé, vu le contrat que j'ai signé, de ne pouvoir plus faire partie pour une durée de deux ans de votre équipe car j'ai emporté du film Angèle et de vous surtout un excellent souvenir, j'aurais aimé continuer à tourner pour votre production qui je ne crains pas de le dire, bien haut, à tous et à toutes, marque une nouvelle époque dans le Cinéma, malgré ma bonne volonté je ne le puis, les contrats sont là et je dois les respecter. Je ne vous propose pas d'écrire à mon producteur Monsieur Calamy car je suis certain qu'il vous refuserait.

Laissez moi vous dire la joie que j'ai éprouvé devant le succès d'Angèle et si ma création de Saturnin vous a donnée pleine satisfaction, c'est à votre dialogue que je le dois, je ne l'oublierai pas et à la fin de mon contrat je serai des vôtres et Croyez, Mon Cher Ami, à mon amitié sincère.

Fernandel

Odéon Nîmes
jusqu'au 21 courant
Apollo Bordeaux
[illegible] courant

2

3

1. Lettre de Fernandel. L'acteur l'a envoyée de Nîmes où il passait en tournée avec un spectacle de music-hall.

2. Séquestrée. Le maître de Saturnin, Clarius, fou de honte, a accepté qu'Angèle, sa fille et son enfant reviennent vivre à la ferme à la condition que ça ne se sache pas. Il la cache dans la cave.

3. La résurrection. Albin, de Baumugnes, un ouvrier agricole, brave Clarius pour délivrer Angèle et l'emmener dans son village. Jean Servais était un comédien d'origine belge.

1

Cigalon et Merlusse

1. *Cigalon* (Arnaudy) est l'histoire d'un chef de cuisine qui, d'une part, a beaucoup trop de talent pour s'abaisser à préparer des plats simples et d'autre part ne se résout pas à confectionner des préparations pour des gens incapables d'en apprécier les exceptionnelles qualités. Dès lors, il refuse tous les clients. Avec *Cigalon*, Pagnol tente de lancer les films de moyen métrage – comme *Jofroi*. Cigalon est joué par Arnaudy, Alida Rouffe et Henri Poupon.

2. et 3. *Merlusse.* C'est un pion de lycée dont la laideur terrorise les élèves. Ceux-ci l'ont surnommé Merlusse parce que, selon eux, il sent la morue. Merlusse est amené à surveiller le dortoir la nuit de Noël, c'est-à-dire qu'il va garder les enfants les plus abandonnés du monde, ceux qui ne vont pas dans leur famille ce jour-là. Comme il a

2

très bon cœur, il joue les Père Noël et place des cadeaux dans toutes les paires de souliers.

4. Rellys apparaît pour la première fois dans un film Pagnol dans *Merlusse*.

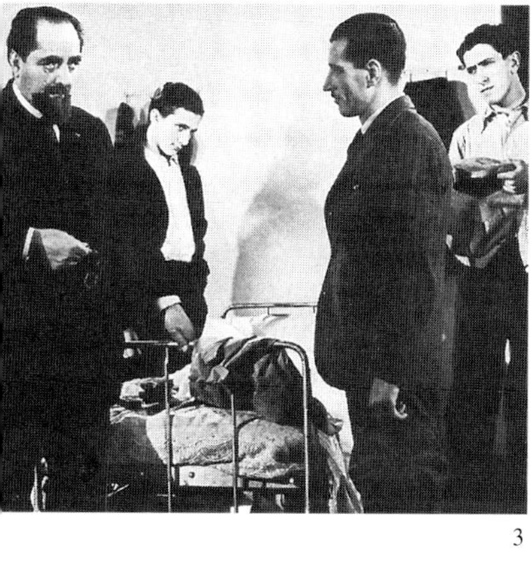

3 4

1

César – le grand finale

1. Entre Fresnay et Raimu. Quatre ans après *Fanny,* Pagnol tourne, lui-même, *César,* troisième volet de la Trilogie. César restera le personnage symbolique de Raimu. Les exemples sont rares dans l'histoire de l'art dramatique d'un comédien et d'un personnage à ce point mêlés l'un à l'autre dans l'esprit du public.

2. La partie de cartes (sans Panisse). Machinalement on lui a donné ses cartes. Monsieur Brun récite alors quatre vers de Sully Prud'homme : « C'est au premier regard jeté / En famille autour de la table / Sur les sièges plus écartés / Que se fait l'adieu véritable ! »

3. Les retrouvailles. Marius et Fanny se sont retrouvés.

2

3

Pierre Fresnay, lui, ne travaillera plus avec Pagnol. Rendant hommage à Pagnol au moment de sa mort, Fresnay déclarera : « Nous ne nous sommes plus vus que trois ou quatre fois. C'est stupide ! Parce que nos neuf années de collaboration ont été neuf ans de joie et de bonheur. Je maudis la vie moderne dont les exigences font cesser les amitiés dès que le ciment du travail ne les maintient plus. »

Regain : un village renaît

1

1. Gédémus. Fernandel tourne *Regain* (1937), son deuxième film avec Marcel Pagnol, adapté comme *Angèle* d'une œuvre de Jean Giono. Le regain, c'est l'herbe qui repousse après la fenaison. Giono a adopté le terme pour symboliser l'argument de son roman. Un village de montagne qui mourait – et qui renaît.

2. Pagnol et Giono. Giono vient de publier *Le Chant du Monde, Que ma joie demeure !* et *Les Vraies Richesses*. Avec *Regain* c'est un grand film lyrique que Pagnol veut réaliser.

3. L'église d'Aubignane. Pour tourner *Regain,* Marcel Pagnol a construit un village en ruines sur « les barres de Saint-Esprit », un éperon rocheux qui domine La Treille. A la pointe extrême du roc, à l'endroit où le mistral souffle avec la plus grande violence, Marius Brouquier, le maçon de La Treille, son ami d'enfance, a bâti l'église.

4. Marguerite Moreno et Gabriel Gabrio interprètent la Mamèche et Panturle, les deux derniers habitants du village menacé de mort.

2

3

4

1

2

Le Schpountz : noblesse du comique

1. *Le Schpountz* (1937). Le Schpountz, c'est le mot inventé pour désigner, sans qu'ils comprennent qu'il s'agit d'eux, les « jeunes naïfs qui rêvent de faire du cinéma ». Avec *Le Schpountz* Pagnol a tourné le *Topaze* du cinéma.

2. Fernandel. Pour *Le Schpountz* Pagnol a l'interprète idéal : Fernandel.

3. L'affiche du *Schpountz* par Toë. C'est dans *Le Schpountz* que Pagnol a écrit la formule fameuse : « Le rire, c'est une vertu qui n'appartient qu'aux hommes et que Dieu, peut-être, leur a donné pour les consoler d'être intelligents. »

4. Vedette. Victime d'une farce montée par une équipe de techniciens venue tourner des extérieurs dans son village, on découvre que le *Schpountz* a un grand talent comique. Il réalise son rêve : il devient vedette.

4

3

La Femme du boulanger :

1

le Mythe du Pain

1. ***La Femme du boulanger*** (1938) adapté d'un épisode de l'ouvrage de Jean Giono *Jean le Bleu*. C'est le plus beau rôle donné à Raimu par Pagnol. C'est le plus beau film qu'ils aient tourné ensemble. Raimu est au sommet de son art. La femme du boulanger, Aurélie, c'est Ginette Leclerc, rayonnante de toute la beauté troublante de la trentaine. Elle est une « femme du boulanger » parfaite.

2. Pagnol et Raimu. Derrière eux, Charles Moulin qui joue le rôle de Dominique, le berger du marquis.

3. La fugue. Pendant que le boulanger – entre deux fournées – dort dans son pétrin, Aurélie s'en va. Elle s'enfuit avec Dominique, Charles Moulin. Sa disparition va priver de pain toute la population du village. Avec *La Femme du boulanger* Pagnol a voulu célébrer « le mythe du pain ».

2

3

1

Raimu plus grand que jamais

1. En studio. Pagnol tourne *La Femme du boulanger* dans le village du Castellet. Raimu n'aimait pas tourner en extérieurs. « Le vent le gênait ! Un arbre vrai le gênait ! Et il était meilleur à 21 heures que dans la journée. C'est qu'il tournait au théâtre depuis 30 ans. » Dès lors Pagnol a tourné toutes les grandes scènes du film à 21 heures et en studio.

2. Les amoureux. Rarement, la sensualité qui unit deux amants a été évoquée à l'écran avec tant de force.

3. Les cornes du boulanger. Pagnol maîtrise parfaitement le mélange des genres : au moment le plus tragique de l'action, les ivrognes chantent *Vivent les cornes du boulanger !*

2

3

Le cinéma

1

de la guerre

Raimu, Josette Day, Line Nord, Charpin, Blavette, Thommeray, groupés autour d'un poste de TSF, silencieux et comme pétrifiés, écoutent le 17 juin 1940 à la mi-journée la voix de Pétain. Celui-ci annonce aux Français qu'il vient de demander l'armistice à l'Allemagne. C'est une scène de *La Fille du puisatier* de Marcel Pagnol qui, cas unique dans l'histoire du cinéma, fait vivre ses personnages dans les temps historiques où il est tourné.

Au déclenchement de la Seconde Guerre mondiale, les Studios Marcel Pagnol à Marseille sont en pleine activité. Pagnol met aussitôt en chantier *La Fille du puisatier* où il réunit (c'est la première fois qu'il y réussit et ce sera la dernière) ses deux monstres sacrés préférés : Raimu et Fernandel.

L'Occupation, le partage de la France en deux zones imposé par les Allemands intensifient encore l'activité des studios. Pour beaucoup, Marseille est devenu à la fois la capitale de la liberté et la porte de sortie pour un exil obligé éventuel. Tout le cinéma français vient tourner là. Marcel Pagnol rêve alors de créer entre Marseille et Aubagne une véritable cité du cinéma, un Hollywood provençal.

Les années Josette Day

1. Les trois grands. Cette photographie, une des rares où soient réunis (de gauche à droite) Fernandel, Raimu et Pagnol, a été prise à Marseille dans les premiers mois de 1940. Assise au milieu d'eux : Josette Day qui désormais partage la vie de Pagnol. Avec eux, au centre, Alexandre Esway, le réalisateur de *Monsieur Brotonneau,* film avec Raimu et Josette Day. Raimu, Fernandel, Pagnol

1

2

préparent *La Fille du puisatier*. Les prises de vues du film doivent commencer le 20 mai. L'offensive allemande se déclenche le 10.

2. Josette Day. Elle est ravissante. Marcel Pagnol a eu pour elle un véritable coup de foudre. Elle sera « la fille du puisatier ».

1

Le face à face Raimu-Fernandel

1. Fernandel soldat. Il ne porte pas le costume du comique troupier, mais du Français mobilisé. Fernandel, rappelé sous les drapeaux, vient rendre visite à M. Mazel (Charpin), commerçant de la ville dont on vient d'apprendre que le fils, officier d'aviation, vient d'être tué sur le front.

2. Amoretti et Félipe. Amoretti, c'est Raimu et Félipe, c'est Fernandel. Il y avait entre eux une vive émulation. Fernandel avait débuté au cinéma avec un tout petit rôle dans *Le Blanc et le Noir,* film dont Raimu était la vedette. Ils n'avaient jusque-là tourné qu'un film ensemble, *Les Rois du sport,* film pour lequel le cachet de Fernandel avait été supérieur à celui de Raimu, ce dont le

2

3

premier était très fier, et le second furieux. « Tout au long de ma carrière, disait Fernandel, Raimu a été comme une pierre dans mon soulier. » Les prises de vues de *La Fille du puisatier* avaient été quelquefois orageuses.

3. Charpin. Charpin joue M. Mazel, bourgeois de Salon. Son fils est Georges Grey et sa femme Line Nord.

Les Studios Marcel Pagnol

1

1. Les Studios Marcel Pagnol. Dès 1935 Pagnol a pensé à créer, à Marseille, ses propres studios de cinéma. A la veille de la guerre, c'est fait. Ils sont achevés. Ils sont situés rue Jean-Mermoz non loin du Prado. Ils se composent de trois plateaux. On y trouve également des laboratoires de développement et de tirage, trois salles de montage, un auditorium, un atelier de construction de décors. Pendant toute l'Occupation, tous les plus grands réalisateurs et les plus grands comédiens s'y retrouveront.

2. Hollywood en Provence. En 1941, Marcel Pagnol achète le château de La Buzine entre Marseille, Aubagne et La Treille pour y créer une cité du cinéma où viendront tourner un jour, espère-t-il, tous les réalisateurs européens et, pourquoi pas les Américains.

2

3

3. Josette Day à La Buzine. Pagnol ne réalisera pas son projet d'une cité du cinéma. Mais la preuve que ce n'était pas une vue utopique : les Italiens y arriveront dans les vieux studios mussoliniens. Ils créeront Cinecitta et les réalisateurs du monde entier viendront y tourner.

1

2

3

4

La Prière aux étoiles

1. Josette Day et Pierre Blanchar. En 1941 Marcel Pagnol met en chantier un nouveau film – une histoire d'amour fou écrite pour Josette Day. Pagnol tourne les séquences qui se passent dans le Midi, puis au moment de partir pour Paris, occupé par les Allemands, Pagnol renonce alors à terminer son film.

2. Pagnol et Josette Day. Tous deux habitent une villa située à Marseille dans le complexe des Studios.

3. Marguerite Moreno. Dans *La Prière aux étoiles* elle joue le rôle d'une cartomancienne du Luna Park.

4. *Arlette et l'amour.* En 1943 Josette Day tourne avec André Luguet *Arlette et l'amour,* de Robert Vernay supervisé par Marcel Pagnol.

Le temps

1

2

des honneurs

Dans la vie de Marcel Pagnol, la paix revenue, honneurs, bonheurs et malheurs se succèdent à un rythme accéléré.
Il épouse le 6 octobre 1945 la jeune et jolie comédienne Jacqueline Bouvier.
Il est élu le 20 septembre 1946 à l'Académie française, et reçu le 27 mars 1947.
Raimu meurt le 20 septembre 1946 à l'Hôpital américain de Neuilly. Jacqueline Bouvier, devenue Pagnol, lui donne un fils Frédéric et une fille Estelle. Hélas Estelle meurt à deux ans.
La ville de Marseille lui fait l'honneur de donner son nom au lycée de la ville. Roberto Rossellini le proclame « inventeur de l'école néo-réaliste ». François Truffaut et la nouvelle vague le reconnaissent comme le père du cinéma d'auteur.
La télévision, entrée dans la vie quotidienne des Français, redonne une nouvelle jeunesse à toute son œuvre filmée. Marcel Pagnol redevient l'auteur le plus suivi et par toutes les générations de public.
Déçu par une tentative ratée de retour au théâtre, Marcel Pagnol renonce en 1956 à l'expression dramatique. Il lui reste à accomplir une œuvre lumineuse : ses *Souvenirs d'Enfance*.
Il meurt à Paris le 18 avril 1974.

1

2

Jacqueline – Naïs

1. Jacqueline Bouvier dans *Naïs*. Premier film de Marcel Pagnol après la Libération, tourné en 1945 d'après la nouvelle d'Émile Zola *Naïs Micoulin*. Jacqueline Bouvier est parmi les comédiennes de la nouvelle génération une des plus jolies et des plus douées. Elle a vingt ans.

2. Fernandel dans *Naïs*. C'est le bossu au grand cœur. Comme le personnage de Victor Hugo, Quasimodo, il aime Naïs d'un amour impossible. Il se sacrifie pour le sauver. Marcel Pagnol a transposé le roman de Zola dans le Midi, à L'Estaque dans la banlieue de Marseille.

3. Les Pagnol. Le jour de la sortie de *Naïs*, sa vedette est devenue Jacqueline Pagnol. Le mariage a lieu le 6 octobre 1945. Marcel et Jacqueline sont photographiés ici au moulin d'Ignières dans la Sarthe, propriété de Pagnol, où il a tourné, autrefois, *Le Gendre de Monsieur Poirier*.

3

Marcel Pagnol épouse Jacqueline

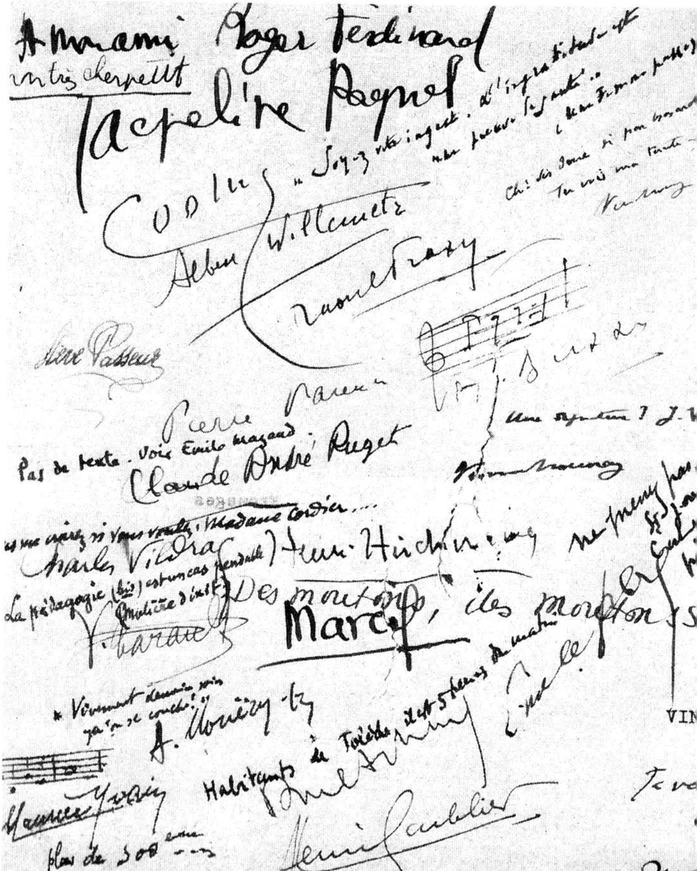

2

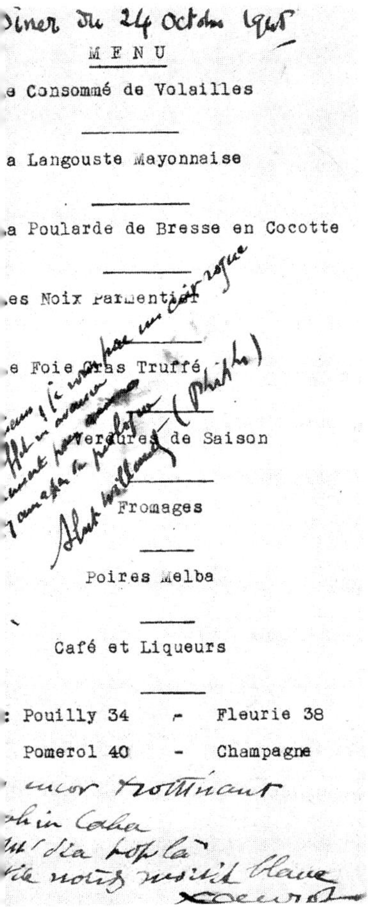

MENU

e Consommé de Volailles

a Langouste Mayonnaise

a Poularde de Bresse en Cocotte

es Noix Parmentier

e Foie Gras Truffé

Verdures de Saison

Fromages

Poires Melba

Café et Liqueurs

: Pouilly 34 - Fleurie 38

Pomerol 40 - Champagne

1

Le menu. La liste des convives au dîner du mariage est prestigieuse : Marcel Achard et Steve Passeur, Romain Coolus, Roger Ferdinand *(Les J3)*, Claude André Puget *(Les Jours heureux)*, Albert Willemetz *(Phi Phi)*, Charles Vildrac Mouezy Eon *(Les Dégourdis de la onzième)*. Les compositeurs Maurice Yvain *(Mon homme)* et Raoul Praxy, le parolier Xanrof *(Le Fiacre)*.

L'académicien du cinéma

1

1. Académicien. Le 4 mars 1946, Marcel Pagnol est élu à l'Académie française au fauteuil de Maurice Donnay, auteur dramatique comme lui. Marcel Pagnol a été élu au cours de la même séance que Jules Romains, Paul Claudel, Maurice Garçon, et Henri Mondor. 27 mars 1947 : réception à l'Académie française.

2. et 3. Immortel du cinéma. Marcel Pagnol est dans l'histoire de l'institution fondée par Richelieu le premier académicien du cinéma (il y aura plus tard René Clair). Et la profession cinématographique a voulu lui offrir son épée d'académicien, ce qui se fait au cours d'une cérémonie au Studio de Joinville (où il a tourné *Fanny*). Louis Jouvet lit son discours.

4. Le pommeau. L'orfèvre a ciselé sur le pommeau de l'épée les masques de la tragédie et de la comédie, sur fond de pellicule cinématographique, les armes de Marseille et une croix de Malte, symbole du cinéma. Dans les premiers appareils de projection, la croix de Malte était la pièce mécanique qui assurait le déroulement de la pellicule, image par image.

2

4

3

1

La mort de Raimu

Pagnol et Raimu. La mort de Raimu, le 20 septembre 1946 à l'Hôpital américain de Neuilly, plonge ses amis et la France tout entière dans la stupeur. Il se s'est pas réveillé à la suite d'une opération chirurgicale que l'on croyait bénigne. Raimu avait quitté quelques semaines plus tôt la Comédie-Française. Il avait fêté joyeusement l'élection de Pagnol sous la Coupole. « Ça y est, lui avait-il dit, cette fois, tu l'as, le chapeau d'encaisseur. » Il s'apprêtait à créer aux Variétés la version scénique de *César* pour laquelle il s'était engagé avec Pagnol, dix ans plus tôt. Le soir même Marcel Pagnol rédigeait son *Adieu à Raimu*.

Adieu à Raimu.

On ne peut pas faire un discours sur la tombe d'un père, d'un frère, ou d'un fils ; tu étais pour moi les trois à la fois : je ne parlerai pas sur ta tombe.

D'ailleurs, je n'ai jamais su parler, et c'était Raimu qui parlait pour moi. Ta grande et pathétique voix s'est tue, et mon chagrin fait mon silence.

Devant Delmont, qui pleurait sans le savoir, Jean Gabin a croisé les

2

mains sur ta poitrine ; j'ai pieusement noué le papillon de ta cravat et tous ceux de notre métier sont venus te saluer.

Longuement, nous avons médité devant cette lourde statue de toi-même. Nous avons découvert ce masque si noble que la vie nous avait caché.

Pour la première fois tu ne riais pas, tu ne criais pas, tu ne haussais pas tes larges épaules. Et pourtant, tu n'avais jamais tenu autant de place, et cette présence de marbre nous écrasait par ton absence.

Alors, nous avons su qui tu étais.

Des journalistes, des cinéastes, des comédiens arrivaient par-dessus les frontières. Toi qui n'étais que notre ami, nous avons vu tout à coup que ton génie faisait partie du patrimoine de la France, et que des étrangers, qui ne t'avaient jamais rencontré vivant, pleuraient de te voir mort. Tu prenais sous nos yeux ta place brusquement agrandie.

Et puis, il est venu des hommes qui ont enfermé dans un coffre énorme tant de rires, tant de colères, tant d'émotion, tant de gloire, tant de génie.

Par bonheur, il nous reste des films qui gardent ton reflet terrestre, le poids de ta démarche et l'orgue de ta voix... Ainsi, tu es mort, mais tu n'as pas disparu. Tu vas jouer ce soir dans trente salles, et des foules vont rire et pleurer : tu exerces toujours ton art, tu continues à faire ton métier. et je peux mesurer aujourd'hui la reconnaissance que nous devons à la lampe magique qui rallume les génies éteints, qui refait danser les danseuses mortes, et qui rend à notre tendresse le sourire des amis perdus.

Marcel Pagnol

Septembre 1946.

BONNET

1

BAR DE LA MARINE

THÉATRE DES
1807 VARIÉTÉS 1946
ALIBERT
ORANE DEMAZIS
MILLY MATHIS
RAYMOND PELLEGRIN
HENRI VILBERT
CÉSAR
COMÉDIE NOUVELLE en 2 PARTIES et 10 TABLEAUX
de MARCEL PAGNOL de l'Académie Française
MARGUERITE CHABERT
CAROL NICOLAS AMATO
MAUPI
ARDISSON BLAVETTE
AIME DUPUY RENE GUY
RIVERS - CADET
ARIUS
Mise en scène de CHRISTIAN GÉRARD
SOIRÉES A 21 h. 15 (sauf Vendredi) MATINÉES DIMANCHES et FÊTES à 15 h.

2 3

4

On joue César sans Raimu

1. *César* au théâtre. En décembre 46, au Théâtre des Variétés, une troupe de comédiens méridionaux crée *César,* version scénique que Pagnol a adapté en dix tableaux d'après son film.

2. Raymond Pellegrin joue Césariot. C'est un jeune comédien niçois plein de talent. Ici avec Milly Mathis et Henri Vilbert. Raymond Pellegrin a débuté chez Pagnol dans *Naïs.*

3. L'affiche. Orane Demazis, Maupi et Vilbert faisaient partie de la distribution de *Marius,* lors de la création en 1929. Milly Mathis et Marguerite Chabert ont créé *Fanny* en 1931.

4. Alibert et Orane. Alibert à qui Pagnol a confié le rôle de Marius est alors une grande vedette du boulevard. Chanteur il a créé toutes les opérettes marseillaises de Vincent Scotto qui ont été d'immenses succès.

Jours heureux à Monte-Carlo

1

1. Avec Rainier. A la fin de l'Occupation, pour fuir les sollicitations pressantes des occupants allemands, Marcel Pagnol s'est installé dans la principauté de Monaco. Il y a conservé son appartement. Jacqueline, qui est d'une famille méridionale, adore le soleil, la Méditerranée. Dès lors – en 1947 – Marcel et sa femme s'installent à Monte-Carlo redevenu la station brillante de la Côte d'Azur ; L'Hôtel de Paris, le palace des milliardaires, affiche toujours complet. Marcel devient l'ami de Rainier, prince héritier à la suite d'un acte de renonciation au trône de sa mère Charlotte de Polignac. Les Pagnol seront des familiers du palais.

2

2. Pagnol en grande tenue protocolaire pour les cérémonies du couronnement du prince Rainier en 1949.

Le protocole et Shakespeare

1. La Lestra. Pour le fixer plus sûrement à Monaco, le prince Rainier facilite l'acquisition par Marcel Pagnol d'un hôtel particulier en plein centre de Monte-Carlo : la Lestra. La Lestra date de la belle époque de la principauté. C'est la résidence que s'était fait construire le banquier prussien Bloedecher chargé d'encaisser pour son pays la dette de guerre imposée à la France après sa défaite de 1871. Bloedecher s'y était retiré à la fin de sa vie.

2. Jacqueline joue Shakespeare. Au printemps 1947, de grandes fêtes marquent à Monte-Carlo le jubilé du prince Louis II pour la vingt-cinquième année de son règne. Jacqueline joue *Le Songe d'une nuit d'été* de Shakespeare dans une traduction inédite de Marcel Pagnol.

3. Les amis. Les Pagnol reçoivent sur la Côte la visite de tous les amis de passage. Ici avec Tino Rossi, Maurice Chevalier et Charles Boyer.

1

2

3

1

2

Tino Rossi et La Belle Meunière

1. ***La Belle Meunière*** (1948). Marcel Pagnol devant le moulin de La Colle-sur-Loup dans l'arrière-pays niçois où il tourne *La Belle Meunière.* Il s'agit de l'adaptation d'un lied du poète lyrique allemand Wilhem Muller dont Schubert s'est inspiré.

2. Jacqueline, meunière. Jacqueline Pagnol interprète le personnage de « la belle meunière », la fille d'un meunier que Schubert rencontre au cours d'une promenade dans la montagne et dont il tombe amoureux. Hélas pour lui, c'est une coquette et elle l'abandonne pour le fils du seigneur local.

3. Tino, Schubert. Tino Rossi s'est fait, avec une certaine réussite, le visage du compositeur autrichien. Le film est tourné en Rouxcolor, un procédé nouveau – et français – de cinéma en couleurs. Il porte le nom de ses inventeurs, deux imprimeurs, les frères Roux.

3

Fernandel – Topaze et Bourvil – Le Rosier

1

1. Fernandel – En 1950 Pagnol tourne un nouveau *Topaze* avec Fernandel dans le rôle du pion professeur de morale et qui devient un chevalier d'industrie.

2. Pagnol et Fernandel. Dans le rôle de Topaze, Fernandel fait une création inoubliable. Le film est un gros succès public, mais la brouille s'installe entre l'auteur et la vedette. C'est le dernier film réalisé par le premier et interprété par le second.

3. Bourvil – *Le Rosier*. Fernandel à ses débuts dans le cinéma en 1931 avait connu un grand succès avec *Le Rosier de Madame Husson*, réalisé par Robert Deschamp d'après la nouvelle de Guy de Maupassant. En 1950 Pagnol écrit pour Bourvil le scénario et les dialogues d'une version nouvelle que réalise Jean Boyer. Entre les Pagnol et les Bourvil naît à cette occasion une grande amitié.

2

3

Manon des Sources : le Mythe de l'eau

1. Rellys dans *Manon des sources.* Marcel Pagnol tourne *Manon des sources* en 1952. Pour le premier rôle, il engage Rellys. Il joue Ugolin, un jeune paysan fruste, âpre au gain, torturé. Rellys se révèle sublime. Avec un seul film Rellys s'est élevé au niveau des deux grands acteurs pagnoliens, Raimu et Fernandel.

2. Manon, c'est Jacqueline Pagnol. Le rôle merveilleux de jolie sauvageonne qui garde ses chèvres dans les collines, c'est le cadeau d'amour de Pagnol à sa jeune femme. Il revient tourner son film dans le cadre cher à son enfance – là même où il a débuté avec *Jofroi.*

3. Ugolin (Rellys), bourrelé de remords.

4. Poupon joue le Papet – un homme fier, rude, violent. Le père d'Angèle, déjà, c'était lui.

1

2

3

4

1

2

3

L'épopée de la Provence

1. 2. et 3. La maison de Pagnol. Dans *Manon des sources* Pagnol réunit autour de Jacqueline tous les comédiens qui l'ont suivi tout au long de sa carrière. Milly Mathis, Blavette, Delmont, Poupon, Vattier, Arius, Maffre. « Il y avait eu la maison de Molière, disait Sacha Guitry. Ils forment la maison de Pagnol. » Ils sont tous là comme pour le grand finale d'un opéra lyrique. Avec *La Femme du boulanger* Pagnol a célébré le mythe du pain. Avec *Manon des sources,* il fête celui de l'eau.

4. Pellegrin. Raymond Pellegrin joue l'instituteur du village. Inversant le processus habituel, Pagnol tirera de son film deux romans, *Jean de Florette* et *Manon des sources,* groupés sous le titre *L'Eau des collines*. Claude Berri les portera à l'écran avec un grand succès en 1986.

4

1

2

3

4

Trois lettres de mon moulin

1. Le Moulin. Pagnol porte à l'écran (en 1953) trois « lettres de mon moulin » : *L'Élixir du Père Gaucher, Les Trois Messes basses* et *Le Secret de Maître Cornille,* d'Alphonse Daudet. Ce sera le dernier film de sa carrière.

2. Le Père Gaucher. Rellys, tout auréolé de son succès dans *Manon,* incarne le moine distillateur qui sacrifie son âme pour la survie de l'humanité.

3. Le chapelain. Vilbert joue Dom Balaguère, qui a volé trois messes basses à Notre-Seigneur, un soir de Noël.

4. Le meunier Cornille, qui refuse d'accepter la fin de l'âge des moulins à vent, c'est Delmont. A ses côtés, Pierrette Bruno joue Vivette.

Le retour au théâtre : Judas

1. *Judas.* Le 6 octobre 1955 au Théâtre de Paris, Pagnol fait représenter une pièce à laquelle il tient beaucoup : *Judas.* Judas est incarné par Raymond Pellegrin.

2. L'affiche. Dans la distribution de *Judas,* avec Raymond Pellegrin et Jean Chevrier, Jean Servais (qui fut l'amoureux d'Angèle) joue Phocas, un personnage énigmatique qui symbolise le destin.

3. Daxely. Comme pour respecter la tradition, Pagnol a fait monter de l'Alcazar de Marseille Marcel Daxely (à sa droite) à qui il a confié le rôle important du centurion.

4. Au Cours Simon. Pour juger de la rigueur dramatique de sa pièce Pagnol l'avait fait jouer – en avant-première – par les élèves du Cours Simon. Marcel Bozuffi était Judas.

1

2

3

4

1

2

3

Fabien et le Masque de fer

1. Milly. A la rentrée 56, Milly Mathis joue aux Bouffes-Parisiens *Fabien* de Marcel Pagnol. L'action se déroule au Luna Park où Milly tient, avec son mari une boutique de photographe. Pour Pagnol, Milly Mathis était *« une véritable bête de théâtre ».*

2. Le mari photographe, c'est Philippe Nicaud. Odile Rodin, une cover-girl très en vue, jouait Marinette, la sœur de Milly.

3. L'affiche. Jean Lefevre, future grande vedette de théâtre, y débute.

4. Pignerol. Pagnol (en 1960) se passionne pour *L'Énigme du Masque de fer* à laquelle il consacre deux volumes.

5. L'île Sainte-Marguerite. Pagnol visite l'île Sainte-Marguerite, autre prison du Masque de fer.

4

5

Les Souvenirs

1

d'enfance

« Voici la première fois que j'écris en prose... Ce n'est plus Raimu qui parle, c'est moi... Et si je ne suis pas sincère – c'est-à-dire sans aucune pudeur – j'aurai perdu mon temps à gâcher du papier. Voilà une idée bien inquiétante et qui m'a longtemps paralysé. »

Ce sont les premières lignes de la préface de *La Gloire de mon père,* le premier livre de ses Souvenirs d'enfance que Marcel Pagnol publie en 1957. *La Gloire de mon père,* tout juste sorti, éclate dans la France entière comme un feu d'artifice. Le livre est salué comme le chef-d'œuvre du jour, de l'année, de l'époque. Un nouveau Pagnol est né – aussi grand écrivain qu'il était grand dramatique ou grand cinéaste. Dans les librairies, c'est un raz de marée. Marcel Pagnol publie *Le Château de ma mère* (1957), *Le Temps des secrets* (1960). Tous acclamés : *« C'est notre Dickens »,* disent les uns, *« notre Faulkner »,* disent les autres. En 1977, publication posthume du quatrième tome des *Souvenirs d'enfance* : *Le Temps des amours.*

2

Le petit Paul et la petite sœur

1. Le petit Paul. C'est le seul enfant de la famille venu au monde lorsque Joseph était instituteur à Saint-Loup – le 28 avril 1898. Le grand compagnon de jeu du petit Marcel dans les collines. « La peau blanche, les joues rondes, deux grands yeux très bleus… Il était pensif, ne pleurait jamais et jouait tout seul, sous une table avec un bouchon ou un bigoudi. »

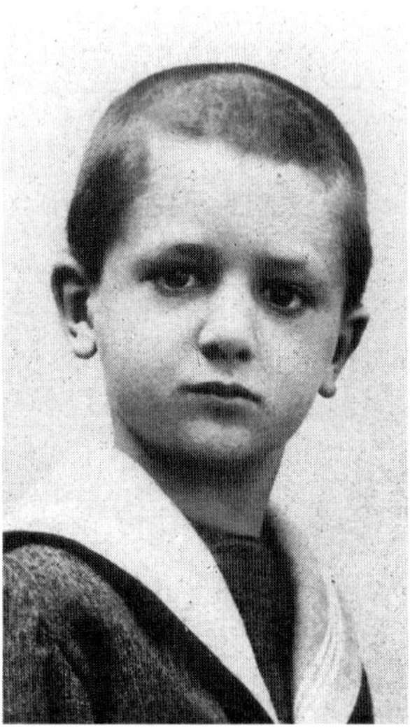

1

2. Germaine, la petite sœur. « Une petite sœur était née et tout justement pendant que nous étions tous les deux chez ma tante Rose qui nous avait gardés deux jours pour faire sauter les crêpes de la Chandeleur… Notre mère lui donnait le sein, ce qui effrayait Paul : “Elle nous la mange quatre fois par jour.” »

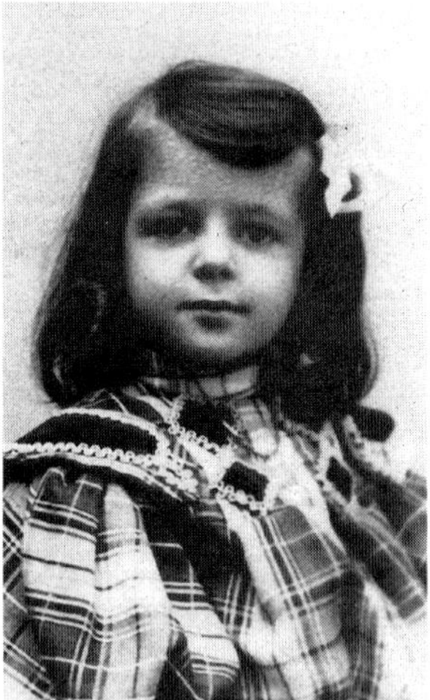

2

3. La famille. La première parution en bonnes feuilles de *La Gloire* dans le magazine *Elle* est illustrée par des

3

dessins de Dubout : la famille à la fin du repas sous l'arbre. Joseph . Augustine, qui sert le café. Tante Rose qui garde dans ses bras la petite Germaine. L'oncle Jules qui lit son journal. Marcel et Paul jouent par terre.

La tante Rose et l'oncle Jules

1

2

1. La tante Rose, l'une des héroïnes des *Souvenirs d'enfance* de Marcel Pagnol. C'était la sœur aînée de sa mère. Elle venait déjeuner chez les Pagnol tous les jeudis et tous les dimanches. L'après-midi elle emmenait son jeune neveu à la promenade. Généralement au parc Borelly.

2. L'oncle Jules, le mari de la tante Rose. Il s'appelait en réalité Thomas Jaubert. Il était catalan. Il était sous-chef de bureau à la préfecture de Marseille. Il était catholique pratiquant. Joseph Pagnol était farouchement anticlérical. Ce qui n'empêcha pas les Pagnol et les Jaubert de louer ensemble la maison de La Treille.

3. et 4. Le parc Borelly. C'est le grand parc de promenade des Marseillais. Ils y allaient en tramway. C'était pour l'enfant Marcel un endroit merveilleux, un peu magique

3

4

La découverte du tramway

2

1

1. La Barasse. Les Pagnol ayant loué la maison de vacances de La Treille prenaient pour s'y rendre le tramway Marseille-Aubagne. Cependant « le véhicule prodigieux qui nous rapprochait des collines ne nous y conduisait pas, raconte Pagnol. Il fallait le quitter à La Barasse »*[La Gloire de mon père]*.

2. Le tramway Marseille-Aubagne. La ligne fut inaugurée en 1905. Le petit Marcel Pagnol s'y installait sur la plate-forme avant à côté du *« ouattmann »*.

3. La montée vers La Treille. Marcel Pagnol se souvenait que les riches Marseillais acquéreurs des premières automobiles venaient essayer là la puissance de leurs moteurs.

3

730

C'est le château de ma mère

1

1. Le château de ma mère. Quand les Pagnol allaient à la Bastide Neuve, ils devaient parcourir huit kilomètres à pied pour arriver à La Treille. Leur route contournait quelques riches domaines que traversait, en droite ligne, un canal d'irrigation collectif. En suivant, à travers les propriétés, les bords du canal, on économisait quelques kilomètres de chemin. Ce que faisaient les Pagnol parce que l'homme chargé d'entretenir les berges, Bouzigue, était un ancien élève de Joseph et qu'il lui avait donné – en fraude – un double de sa clé. Un des domaines ainsi traversé était celui du château de la Buzine, dont le garde, un jour, avait surpris la famille Pagnol, menaçant Joseph des pires représailles. Augustine, ce jour-là, avait eu la plus grande peur de sa vie. Quarante ans plus tard, par hasard, Pagnol achetait la Buzine.

2. Le Canal.

3. Le trajet. La carte de l'endroit avec l'emplacement des châteaux.

2

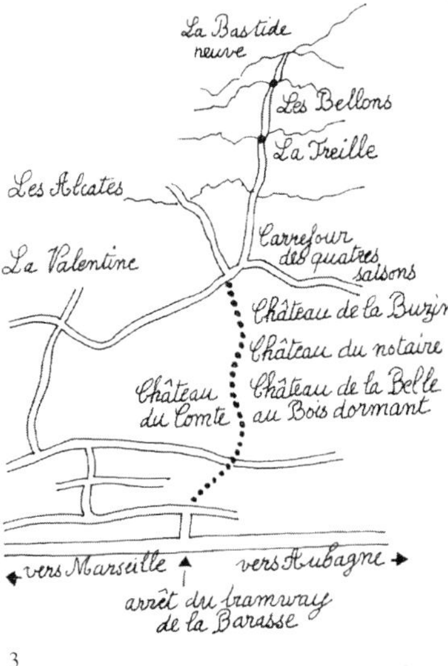

3

1

2

1. L'église. Elle dresse son clocher, comme une sentinelle, à l'entrée du village. Marcel Pagnol était l'ami de l'abbé Party, le curé du village. C'est là qu'on avait enterré son père. C'est là qu'il a tourné la grande scène de *Manon des sources* où tout le village vient prier pour le retour de l'eau et où Henri Vilbert, qui joue le rôle du curé, prononce le fameux sermon. Pour les obsèques de Marcel Pagnol, l'église était trop petite pour accueillir les amis venus en foule et la messe a été dite sur le parvis par Mgr Calmels et Mgr Etchegaray, archevêque de Marseille.

Le village enchanté

2. La Grande Rue. Le village de La Treille est bâti à flanc de collines. On y entre par une avenue en corniche, plantée de platanes et qui surplombe un précipice. Il faut ensuite traverser le village sur une rue unique, et qui monte, pour arriver jusqu'aux Bellons et jusqu'à la Bastide Neuve, la maison de vacances des Pagnol. Chaque année, par cars entiers, des milliers d'enfants et de touristes viennent aujourd'hui visiter La Treille et les hauts lieux où Pagnol a situé son œuvre et tourné ses films.

Les Bellons, Lili et la bartavelle

1. Les Bellons. Quand on était arrivé à La Treille, on n'était pas rendu à la Bastide Neuve. Il fallait monter encore. Et encore. La maison louée par les Pagnol et les Jaubert était « la dernière bâtisse au seuil du désert ». Pour y accéder on devait traverser le lieu dit « les Bellons ». C'était aux Bellons qu'habitait Lili, grand compagnon de Marcel et son grand initiateur aux lois secrètes et aux mystères de la vie des collines, de sa faune et de sa flore.

1

2

3

2. Lili des Bellons. « C'était un petit paysan… Il était brun, avec un fin visage provençal, des yeux noirs et de longs cils de fille. »

3. La bartavelle. Il s'agit d'une variété de perdrix européenne qu'on ne trouve qu'en Provence, en Italie et en Grèce. Elle dépasse souvent 35 centimètres. Elle est donc beaucoup plus grosse que la perdrix rouge. La bavette blanche sur la gorge est bordée de plumes très noires. Enfin les plumes de ses flancs ont deux barres noires contre une seule chez la perdrix rouge. Tuer une bartavelle était un exploit cynégétique. Joseph Pagnol avait réussi un doublé.

1

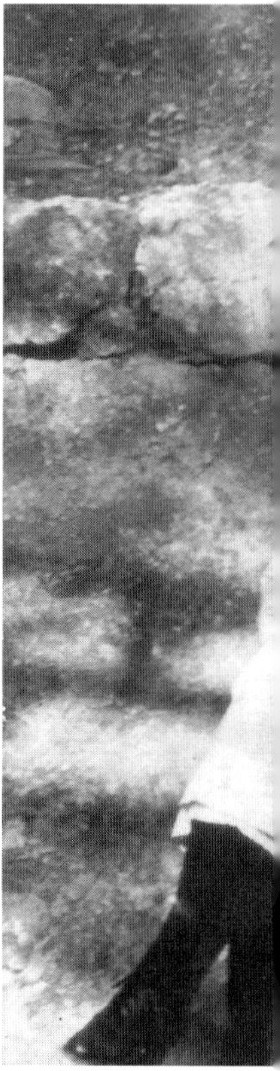

2

Les Pagnol à la Bastide Neuve

1. La Bastide Neuve. « Elle était neuve depuis longtemps. » C'était une ancienne ferme restaurée trente ans auparavant par un commerçant de Marseille. Prix du loyer : quatre-vingts francs par an, c'est-à-dire quatre louis d'or. Grâce à une citerne, l'eau arrivait par un robinet au-dessus de l'évier – luxe rare.

2. La famille à La Treille. La photographie a été prise quelques années après la mort d'Augustine. Joseph Pagnol, au centre, porte le pantalon et les guêtres des chasseurs des

collines. Marcel, le fils aîné en chapeau blanc, s'est placé au sommet de l'ensemble. Son frère Paul est à droite, debout appuyé contre un arbre. C'est le plus jeune fils de la famille, René, qui est assis entre Paul et son père. Germaine, leur sœur, est à gauche de la photo. Resté veuf avec quatre enfants, Joseph ne tardera pas à se remarier.

Connaissance de

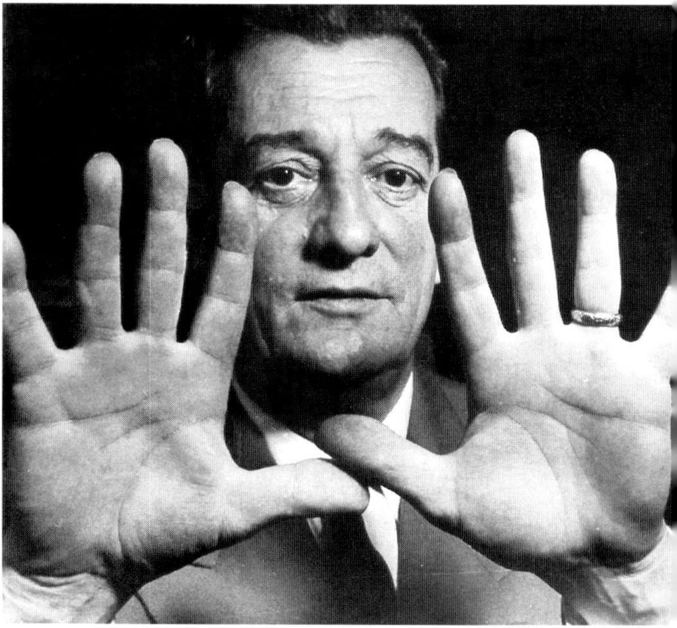

1

Marcel Pagnol

Marcel Pagnol, dans l'histoire de la littérature universelle, occupe une situation unique. On ne connaît pas d'autre exemple de créateur qui, dans des genres aussi différents que le théâtre, le cinéma, la littérature, ait comme lui conquis, ému, passionné, ravi les publics de tous les pays de la planète. Le secret de ce succès fabuleux, Jean Dutourd l'attribue au fait que « Pagnol a réussi ce miracle. Il a fait de l'excellente littérature avec les meilleurs sentiments ». Les amis de Pagnol l'ont vu sous tant de facettes. « Un optimiste angoissé » (Jean-Jacques Gautier). « Un homme d'une grande sagesse » (Jean Renoir). « Le plus grand menteur que j'ai connu » (Marcel Achard). « Un redoutable homme d'affaires », « Un génie », « Léonard de Vinci », « Un veinard scandaleux ». .

Le véritable secret de Marcel Pagnol, c'est peut-être tout simplement une formidable passion de la vie. Quelques mois avant que se déclare la maladie qui allait l'emporter, on le soumet au célèbre questionnaire de Proust. « Qui aimeriez-vous être ? » lui est-il demandé. Il répond : « N'importe qui en l'an 2000. »

Tous les matins, ses pages d'écriture

1. A sa table. Marcel Pagnol, levé tôt chaque matin, se mettait aussitôt à sa table de travail et commençait à écrire. Dès qu'il s'installait dans un nouveau lieu, Marcel Pagnol s'aménageait une table pour écrire. Ici, c'est dans la maison de La Treille qu'il habitait pendant les prises de vues de *Manon des sources.*

2. Pagnol vieilli écrit toujours. Dans l'hôtel particulier du square de l'avenue Foch où il a vécu les dernières années de sa vie, il s'était aménagé un petit bureau intime contiguë à sa chambre à coucher. Il s'y installait souvent, sans déranger personne, avant six heures du matin.

3. Sa correspondance. Pagnol ne s'était jamais décidé à utiliser le téléphone pour garder le contact avec ses amis. Il écrivait.

1

2

3

1

2

La passion du travail manuel

1. La sonde du domaine. Pagnol installe lui-même une sonde qui lui permettra d'atteindre une nappe d'eau souterraine.

2. Pagnol terrassier. Il ne doit pas exister beaucoup de photographies d'académicien français maniant avec une pareille ardeur la pelle de terrassier. Il creuse un caniveau dans son domaine de Cagnes. A côté de lui, son fils Frédéric.

3. A la perceuse. « Quand j'étais enfant, écrit-il, le plus beau mot de la langue française était non pas chocolat, mais manivelle. » Toute sa vie Marcel Pagnol s'est flatté d'être à la fois un intellectuel et un manuel. Il était très adroit de ses mains. Et il utilisait dans ses travaux manuels les connaissances étendues qu'il avait acquises dans le domaine scientifique.

3

1 

2 

3

« Il a aimé les sources »

1. Sourcier. Pagnol a eu toute sa vie la passion de l'eau et des sources. Sur son épitaphe qu'il a rédigé lui-même, on lit : *Uxorem, amicos, fontes dilexit.* (Il a aimé sa femme, ses amis et les sources.)

2. Avec Jacqueline. Il y a des sourciers qui utilisent le pendule, d'autres préfèrent la baguette de coudrier dont un mouvement brutal, dans les mains du sourcier, indique la présence d'une nappe d'eau souterraine. Pagnol était de ceux-là.

3. Avec le curé de La Treille. Son pendule à la main, cherchant de l'eau dans la grotte de la Baume-Sourne.

1

Le père de famille

1. Frédéric. Son baptême à la chapelle des Neiges à Valberg. Frédéric est le fils aîné de Jacqueline.

2. Francine, sa fille, le jour de son mariage.

3. Jacques félicite les frères Roux, inventeurs du Rouxcolor, à la présentation de *La Belle Meunière.* Jacques est le fils de Marcel Pagnol et de Kitty Murphy.

2

3

1

2

Avec les siens

1. Avec son père. Joseph, l'instituteur, le héros des *Souvenirs d'enfance.* Pour Marcel Pagnol, homme de la Méditerranée, la famille a toujours eu une importance primordiale. Joseph Pagnol est mort au château de la Buzine le 15 novembre 1951.

2. Germaine (à droite), sœur de Marcel Pagnol, en 1972.

3. Paul, frère de Marcel Pagnol, avait dû renoncer à poursuivre des études classiques en raison de son état de santé. Après un passage dans une école d'agriculture, il était devenu « chevrier » dans les collines de La Treille. C'est à lui que Marcel Pagnol a dédié sa traduction des *Bucoliques.* Paul est mort au cours d'une opération chirurgicale à Bruxelles le 28 juillet 1932.

4. René, frère de Marcel Pagnol, le plus jeune de la famille. Il est resté le collaborateur le plus proche de Marcel Pagnol jusqu'à sa mort.

3

4

Le sens de l'amitié : Albert, Orson

1. Albert Cohen. Camarade de classe préféré de Marcel Pagnol – son inséparable – lorsqu'ils étaient tous les deux élèves au lycée de Marseille, le petit Albert admirait le petit Marcel. Il lui dit un jour : « Tu seras de l'Académie française. » Fixé à Genève après son baccalauréat Albert Cohen y fait carrière comme fonctionnaire dans les organisations internationales. Écrivain il est l'auteur de *Mangeclous*, du *Livre de ma mère,* de *Belle du Seigneur*.

2. Orson Welles. Orson Welles, venu à Paris pour la première fois en 1946, s'était présenté chez Marcel Pagnol. Il voulait connaître « Mister Rai-Miou ». Apprenant que Raimu venait de mourir, il avait pleuré. « C'était, dit-il, le plus grand de nous tous. » Il considérait que *La Femme du boulanger* était le plus beau film qu'il ait jamais vu.

1

2

MARCEL PAGNOL

Paris 22 Mars 1970

Mon cher Albert,

Quel déluge d'éloges! C'est un scandale de succès – et tu l'as bien mérité par ce miraculeux doublé – tu es maintenant au tout premier plan, et assuré d'y rester dans le plus lointain avenir

Travaille immédiatement : tu es en état de grâce, il est visible que Jéhovah te soutient. Quand viendras-tu à Paris ?

Nous t'embrassons de tout cœur !

Marcel Jacqueline

3

3. Lettre à Cohen. Lettre de Pagnol à Albert Cohen à propos de *Belle du Seigneur.* L'Académie française lui avait attribué son Grand Prix du Roman pour 1968.

1

2 3

4

Les amis : Simenon, Jeanson et Yves Bourde

1. Simenon. L'amitié entre Simenon et Pagnol était née dans les cercles littéraires d'avant-garde que le premier, tout juste arrivé de Liège, et le second, venu de Marseille, fréquentaient dans les années 20.

2. Yves Bourde et Kitty Murphy. En 1929 Yves Bourde (le second en partant de la gauche). Yves Bourde est l'un des fondateurs de *Fortunio*. La jeune femme au centre du groupe est Kitty Murphy qui était alors l'amie de Marcel Pagnol. C'est la mère de son fils aîné Jacques.

3. et 4. Jeanson. Henri Jeanson, journaliste, auteur dramatique, scénariste dialoguiste, était, comme Marcel Pagnol, fils d'instituteur.

1

Les amis :
Roger, Steve, Renoir et Calmels

1. Roger et Steve. Roger Ferdinand (à la gauche de Marcel Pagnol) et Steve Passeur (à la droite de Jacqueline). Au centre du groupe, Vincent Scotto. Cette photographie a été prise à l'occasion du baptême de la petite Estelle que Roger Ferdinand, son parrain, porte dans ses bras.

2

2. Jean Renoir (1934). Partie de pétanque chez Maffré, comédien de la troupe Pagnol (qui pointe). Renoir est venu rejoindre Pagnol à La Treille où il tourne *Angèle.*

3. Norbert Calmels. Abbé général des Prémontrés. Mgr Calmels a été l'ami des derniers temps et le confesseur de Marcel Pagnol à la veille de sa mort.

3

Les amis : Albert Dubout

1. Albert Dubout était le premier dessinateur de presse de son époque. Sa virtuosité était diabolique. Toë, caricaturiste lui-même et chef de publicité des Films Pagnol, lui avait commandé une affiche pour la sortie de *Marius* au cinéma. De ce jour Albert Dubout composa une ou plusieurs affiches pour tous les films de Marcel Pagnol, de *Fanny* à *Manon des sources* et aux *Lettres de mon moulin.* Albert Dubout, qui était né à Marseille, devint un familier de Marcel Pagnol qui admirait son immense talent. « C'est notre Dürer », disait-il.

2. Affiche de Dubout pour *Marius :* la célèbre partie de cartes.

1

2

3

4

3. Affiche de Dubout pour *César*.

4. Affiche de Dubout pour *Fanny*. La grande spécialité de Dubout, c'étaient les dessins de foule.

5. Pagnol par Dubout. Caricature dessinée par Dubout pour l'élection de Marcel Pagnol à l'Académie française.

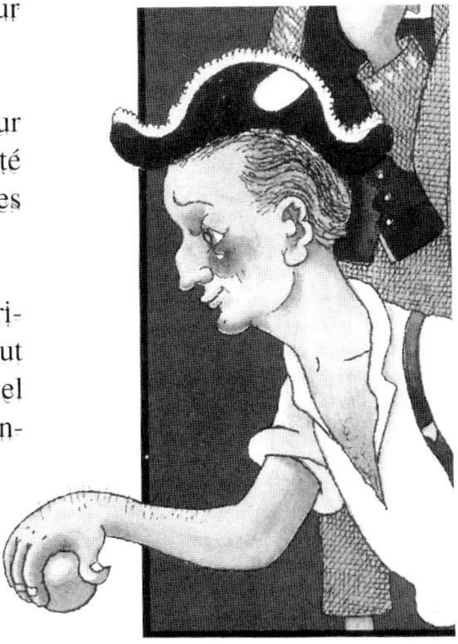

5

1

Les amis : Fernandel

1. Les deux amis. Si *Angèle* marque l'entrée de Fernandel dans l'équipe de cinéma de Marcel Pagnol, c'est dans *Le Schpountz* qu'apparaît l'accord complet entre l'auteur et l'interprète. C'est en pensant à Fernandel, pour lui, que Pagnol a écrit son scénario, rédigé – et souvent improvisé – ses répliques. Tous deux l'ont tourné entourés de copains, dans la liberté la plus totale, sans aucune contrainte de date, ni de dépassement. Et cela donne le film le plus

2

pagnolien de Pagnol. Le public lui a fait fête. Ils devaient tourner ensemble *La Fille du puisatier*, *Naïs* et *Topaze*. Chacun des deux avait pour l'autre une grande admiration.

2. Le Marseillais. Cette photographie prise pendant les prises de vues d'*Angèle* donne une idée de l'atmosphère joyeuse qui régnait pendant la réalisation des films de Marcel Pagnol. La pétanque était quotidienne et obligatoire. Fernandel était bon tireur.

1

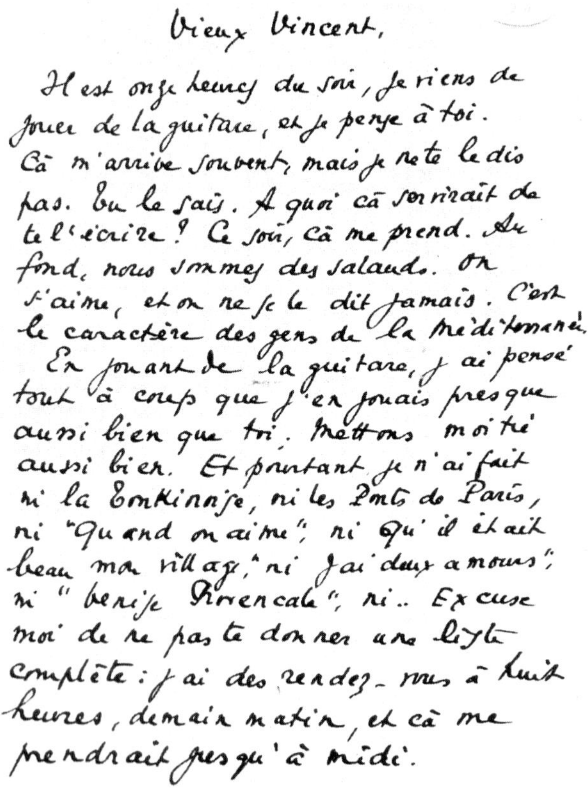

Vieux Vincent,

Il est onze heures du soir, je viens de jouer de la guitare, et je pense à toi. Ça m'arrive souvent, mais je ne te le dis pas. Tu le sais. A quoi ça servirait de te l'écrire ? Ce soir, ça me prend. Au fond, nous sommes des salauds. On s'aime, et on ne se le dit jamais. C'est le caractère des gens de la Méditerranée.

En jouant de la guitare, j'ai pensé tout à coup que j'en jouais presque aussi bien que toi. Mettons moitié aussi bien. Et pourtant je n'ai fait ni la Tonkinoise, ni les Ponts de Paris, ni "Quand on aime"; ni Qu'il était beau mon village," ni J'ai deux amours"; ni "Venise Provençale", ni.. Excuse moi de ne pas te donner une liste complète : j'ai des rendez-vous à huit heures, demain matin, et ça me prendrait jusqu'à midi.

2

Ce n'est donc pas ta guitare qui a fait tes chansons. Si c'était elle, elle vaudrait cher.

Quand j'étais jeune, je pensais que Vincent Scotto était très grand, très fort, très supérieur, et méprisant. La vie m'a enseigné que les gens très gros et très forts ne savent faire que d'énormes merdes. Ce n'est pas un but estimable. Je me dis maintenant que j'aurais dû te voir, par la pensée, tel que tu es. Tu ne <u>pourrais pas</u> être autrement. Petit, râblé, joyeux, et bon jusqu'à la bêtise. Tu es tout écrit dans tes chansons – Je viens de lire un barème des vitesses maxima des animaux. Le gros cheval percheron peut atteindre 38 à l'heure. L'abeille, plus de cent. Il n'y a rien au monde qui te ressemble autant qu'une abeille. 3

La lettre à Vincent Scotto

Marcel Pagnol aimait écrire à ses amis. Des lettres merveilleuses. Pleines de chaleur et d'affection. Celle qu'il adresse un jour à Vincent Scotto est l'une des plus belles.

Elle est sérieuse, elle est joyeuse, elle ne pique pas sans raison. Elle fait cent à l'heure. Et au lieu de merde elle fait du miel.

Il y a une chose admirable et terrible dans ton destin : ce que tu crées est si simple, et si près du coeur, qu'on ne demande jamais de qui c'est – comme pour les chansons populaires du vieux temps. Ainsi, tout le monde connaît le nom de Jacques Ibert, ou de Charpentier. Et on ne sait pas qui a fait "Auprès de ma blonde". Il est vrai que dans le cercueil des Grands Musiciens d'aujourd'hui, on pourrait mettre toute leur musique. Il ne restera d'eux ni un nom, ni un air. Toi, ton nom ne restera peut être pas; tu ne t'en es pas assez occupé. Mais.

1

Dans toute sa vie, Vincent Scotto n'a joué qu'un film : *Jofroi* (notre photo). C'était le premier film écrit, dialogué et réalisé par Marcel Pagnol (en 1933) dans son village de La Treille.

2

quand tu partiras, tu laisseras cent ou deux cent chansons, des sentiments à toi, des idées à toi, qui feront encore du bien à des gens qui ne sont pas nés. Et quand on demandera " Qui a fait çà " ? Les grands Musicographes diront peut être " C'est du 19e ou du XXème siècle ". Crois tu que c'est beau, que ton nom soit remplacé par un siècle numéroté ? C'est comme çà qu'on parle de l'Iliade et de la chanson de Roland. On ne sait pas qui a fait ces chefs d'œuvres. On sait seulement qu'on les a, et que c'est une richesse pour l'humanité.

—

Il y a dans cette lettre une particularité étrange.

1. Elle n'apporte aucune nouvelle.
2. Elle n'en demande pas.

3

3. Elle ne contient aucune offre.

4. Elle ne t'apporte aucune demande.

Alors, pourquoi te l'ai-je écrite ?
Je n'en sais rien. Peut être pour une raison plus belle et plus noble que tout ça.

Je t'embrasse,

Marcel

1

Pagnol et Tino Rossi inaugurent à Marseille le buste de Vincent Scotto

2

Les amis : Jean Giono

Avec Giono. Marcel Pagnol a réalisé *Jofroi, Angèle, Regain* et *La Femme du boulanger* d'après des nouvelles de Jean Giono. Les rapports entre les deux écrivains ont été quelquefois orageux. Un jour même, un procès les a opposés. Suivi d'une réconciliation. Marcel Pagnol avait souhaité faire entrer Jean Giono à l'Académie française. Jean Giono avait préféré se présenter chez les Goncourt où il fut élu. Marcel Pagnol considérait Jean Giono comme l'un des plus grands écrivains de la littérature française. Lorsque, pour *Le Révérend Père Gaucher* des *Lettres de mon moulin* Marcel Pagnol vint tourner à l'abbaye de Saint-Michel de Frégolet en Provence, Jean Giono vint lui rendre visite.

1

Les amis : Tino Rossi

1. et 2. L'amitié Marcel Pagnol - Tino Rossi. C'est Vincent Scotto qui les avait présentés l'un à l'autre. Le succès de Tino Rossi à Paris avait été foudroyant. Cette amitié allait se consolider pendant l'Occupation où tous les deux fixés à Marseille, puis sur la Côte d'Azur, ils sont devenus inséparables.

3. *La Belle Meunière.* « Nous tournerons en famille », avait proposé Pagnol. A côté de Tino Rossi et de Jacqueline jouaient aussi dans le film Lilia Vetti, la femme de Tino, et Pierrette, sa fille.

4. Les relations amicales entre les deux hommes allaient durer jusqu'à la mort de Marcel Pagnol.

2

3

4

Avec Marcel Achard : cinquante ans de complicité

1. Marcel Achard quand il a rencontré Pagnol. L'amitié entre les deux Marcel, celui de Marseille et celui de Lyon, est née dans les premiers mois de leur arrivée à Paris. La fidélité de chacun pour l'autre fut exemplaire. Marcel Pagnol élu académicien français n'eut plus qu'une idée en tête : faire élire aussi sous la Coupole son ami de toujours. Il y parvint.

2. Marcel Achard. Sa réception sous la Coupole.

3. Les Achard et les Pagnol. Marcel Pagnol et Juliette Achard, Marcel Achard et Jacqueline Pagnol au cours d'une réception.

4. Avec Grâce de Monaco. Chaque année au Festival de télévision de Monte-Carlo, Marcel Pagnol était le président inamovible. C'est au cours d'un de ces festivals qu'a été prise cette photo avec la princesse Grâce.

1

2

3

4

Son héroïne favorite : Jacqueline

1. Marcel et Jacqueline. A un journaliste qui lui demande (en 1964) « Quelles sont vos héroïnes favorites dans la vie réelle ? » Marcel Pagnol répond : « Ma femme. » Jacqueline Bouvier appartenait comme Marcel Pagnol à une famille méridionale (du Gard). Son père avait été amené à quitter le Midi pour Paris. Tous les amis de Marcel Pagnol ont rendu hommage à sa réussite conjugale avec Marcel Pagnol. « Elle sut être la tendre complice de ses faiblesses et de ses humeurs, écrit Gaston Bonheur. Elle lui fit l'immense cadeau de ne jamais l'embourgeoiser. Elle accepta de partager, non pas les honneurs, non pas la facilité, mais la roulotte où il se plaisait, fût-ce derrière la façade d'un hôtel particulier. »

2. La blonde. « La blonde, la jolie, la gracieuse, la féerique Jacqueline Bouvier, écrit Jean-Jacques Gautier, devenue Jacqueline Pagnol et renonçant pour l'amour de son mari à... tout ce qui n'est pas ce qu'elle aime le plus. »

1

3. Marcel et Jacqueline Pagnol en visite à l'atelier du peintre Jean-Gabriel Domergue. Celui-ci a peint un portrait de Jacqueline.

2

3

Son œuvre a été jouée par les plus grands

1. Emil Jannings. En 1934, sous le titre *Zum Schwarzen Walfisch,* les Allemands tournent *Fanny.* Le metteur en scène Wendhansen confie le rôle de César à Emil Jannings, le plus grand acteur allemand de l'époque.

2. Wallace Beery. La Metro Goldwyn Mayer tourne *Marius* et *Fanny,* condensés en un seul film par Preston Sturgess (1938). Réalisation : James Whale (l'inventeur de Frankestein). César, c'est Wallace Beery. Fanny, c'est Maureen O Sullivan (qui a été aussi Jane dans tous les films de Tarzan).

3. John Barrymore. En 1933 *Topaze* est tourné à Hollywood avec, dans le rôle du pion, l'une des plus grandes stars américaines, John Barrymore. Myrna Loy joue Suzy (rebaptisée Coco). Peter Sellers tournera encore *Topaze* en 1961.

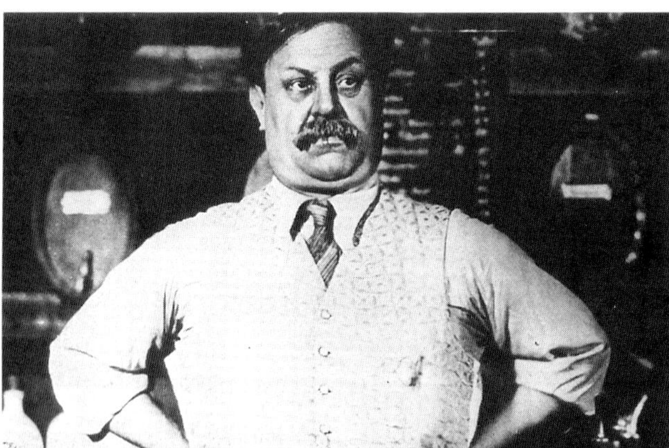

1

2

3

1

2

La Trilogie universelle

1. *Fanny* américain. En 1936, Joshua Logan vient tourner à Marseille pour la R.K.O. une version nouvelle de la Trilogie condensée en un seul film et présentée sous le titre de *Fanny* avec (de gauche à droite) l'Italien Baccaloni (Escartefigue), Maurice Chevalier (Panisse), l'Allemand Horst Bucholtz (Marius), Charles Boyer (César) et à la gauche de Pagnol, la Marseillaise Georgette Anys (Honorine) et la Parisienne Leslie Caron (Fanny).

2. Comédie musicale. La version filmée de *Fanny* avait été précédée, à Broadway, d'un *Fanny* traité en comédie musicale, créée en 1954 au Majestic Theater. Le rôle de César était joué et chanté par Enzo Pinza, l'une des plus grandes vedettes du genre, créateur de *South Pacific*. Sur notre photo, le duo d'amour chanté par William Tabert (Marius) et Florence Henderson (Fanny) devant le kiosque où Fanny vend ses coquillages.

Prophète en son pays

1. Les santons. Marcel Pagnol aimait les honneurs. Mais beaucoup plus que d'avoir eu son œuvre, ses pièces et ses films joués et acclamés dans le monde entier, ses livres traduits dans toutes les langues, repris dans les manuels scolaires, enseignés dans les universités aux États-Unis, au Japon, en Corée, ce qui l'avait porté au comble du bonheur, ce sont les hommages de ses compatriotes provençaux qui saluaient en lui le plus glorieux des enfants du pays. Ce culte n'a pas cessé après sa disparition. Les santonniers d'Aubagne, sa ville natale, ont dédié à son souvenir une crèche Marcel-Pagnol où ils ont représenté – en santons – les personnages qu'il a rendus célèbres. Voici les santons de César, de Panisse, d'Escartefigue et de Monsieur Brun dans la fameuse partie de cartes.

2. Pagnol santon. Un santonnier d'Aubagne, Jean-Claude Scaturro, est l'auteur de ce buste.

1

2

CHRONOLOGIE

95. Naissance de Marcel Pagnol le 28 février à Aubagne. Son père, Joseph, né en 1869, était instituteur, et sa mère, Augustine Lansot, née en 1873, couturière. Ils se marièrent en 1889.
98. Naissance du Petit Paul, son frère.
02. Naissance de Germaine, sa sœur.
03. Marcel passe ses premières vacances à La Treille, non loin d'Aubagne.
04. Son père est nommé à Marseille, où la famille s'installe.
09. Naissance de René, le « petit frère ».
10. Décès d'Augustine à 37 ans. Marcel Pagnol a 15 ans. Il fera toutes ses études secondaires à Marseille, au lycée Thiers. Il les terminera par une licence ès lettres (anglais) à l'Université d'Aix-en-Provence.
14. Fondation de *Fortunio*, revue littéraire qui deviendra *Les Cahiers du Sud*.
15. Il est nommé maître d'internat du lycée de Digne puis répétiteur d'anglais au collège de Tarascon.
16. Mariage de Marcel Pagnol avec Simonne Colin à Marseille.
Après avoir enseigné dans divers établissements scolaires à Pamiers puis Aix, il sera professeur adjoint et répétiteur d'externat à Marseille, de 1920 à 1922.
22. Il est nommé à Paris au lycée Condorcet.
24. Création des *Marchands de gloire* (en coll. avec Paul Nivoix), sa première pièce.
26. *Jazz*, son premier succès.
28. La création de *Topaze*. Marcel Pagnol devient célèbre et commence véritablement sa carrière d'auteur dramatique.
29. *Marius*, autre gros succès théâtral pour lequel il a fait, pour la première fois, appel à Raimu.
31. *Marius*. Pour Marcel Pagnol, ce premier film coïncide avec le début du cinéma parlant et celui de sa longue carrière cinématographique, qui se terminera en 1954 avec *Les Lettres de mon moulin*. Il aura signé 21 films entre 1931 et 1954.
41. Il divorce d'avec Simonne Colin et fait l'acquisition du château de la Buzine.
45. Il épouse Jacqueline Bouvier à qui il confiera plusieurs rôles et notamment celui de Manon des Sources (1952).
46. Élection à l'Académie française. Naissance de son fils Frédéric. Mort de Raimu.
47. Réception à l'Académie française.
51. Naissance d'Estelle Pagnol. Mort de Joseph Pagnol, son père.
54. Mort d'Estelle Pagnol.
55. *Judas*.
56. *Fabien*.
57. Publication des deux premiers tomes des *Souvenirs d'enfance : La Gloire de mon père* et *Le Château de ma mère*.
60. *Le Temps des secrets*.
63. *L'Eau des collines* composé de *Jean de Florette* et *Manon des Sources*.
64. *Le Masque de fer*.
73. *Le Secret du Masque de fer*.
74. Marcel Pagnol meurt à Paris le 18 avril.
77. Publication posthume du quatrième tome des *Souvenirs d'enfance : Le Temps des amours*.

ŒUVRES

Les œuvres de Marcel Pagnol, ainsi que le découpage de ses films, sont édit aux Éditions de Fallois dans les ŒUVRES COMPLÈTES *en quatre volumes et, pour principales, dans la collection de poche* FORTUNIO.

I. Romans, essais, souvenirs.

1932 PIROUETTES.
1946 LE PREMIER AMOUR.
1947. NOTES SUR LE RIRE.
1949. CRITIQUE DES CRITIQUES.
1957. *SOUVENIRS D'ENFANCE. 1.* LA GLOIRE DE MON PÈRE.
2. LE CHÂTEAU DE MA MÈRE.
1960. *SOUVENIRS D'ENFANCE. 3.* LE TEMPS DES SECRETS.
1962. *L'EAU DES COLLINES. 1.* JEAN DE FLORETTE.
2. MANON DES SOURCES.
1964. LE MASQUE DE FER.
1970. CINÉMATURGIE DE PARIS.
1973. LE SECRET DU MASQUE DE FER.
1977. *SOUVENIRS D'ENFANCE. 4.* LE TEMPS DES AMOURS.
1981. CONFIDENCES.
1984. LA PETITE FILLE AUX YEUX SOMBRES.

Traductions :

1947. William SHAKESPEARE, *Hamlet*. Traduction et préface.
1958. VIRGILE, *Les Bucoliques*. Traduction en vers et notes.
1970. William SHAKESPEARE, *Le Songe d'une nuit d'été.*

II. Théâtre.

1925. LES MARCHANDS DE GLOIRE (en collaboration avec Paul Nivoix).
1926. JAZZ.
1928. TOPAZE.
1929. CATULLE (pièce de jeunesse).
MARIUS.
1931. FANNY.
1946. CÉSAR (version pour la scène).
1955. JUDAS.
1956. FABIEN.
1978. ANGÈLE (version por la scène).
1985. LA FEMME DU BOULANGER (version pour la scène).

III. Cinéma.

Sauf indication contraire, Marcel Pagnol a produit, écrit et réalisé ses films.

1931. MARIUS (réalisation A. Korda-Pagnol).
1932. TOPAZE (réalisation Louis Gasnier).
FANNY (réalisation Marc Allégret, supervisé par Marcel Pagnol).
1933. JOFROI (d'après *Jofroi de la Maussan* de J. Giono).
1934. ANGÈLE (d'après *Un de Baumugnes* de J. Giono).
1934. L'ARTICLE 330 (d'après Courteline).
1935. MERLUSSE.
CIGALON.
1936. TOPAZE (deuxième version), avec Louis Jouvet.
CÉSAR.
1937. REGAIN (d'après J. Giono).
1937-1938. LE SCHPOUNTZ.
1938. LA FEMME DU BOULANGER (d'après J. Giono).
1940. LA FILLE DU PUISATIER.
1941. LA PRIÈRE AUX ÉTOILES (inachevé).
1945. NAÏS (adaptation et dialogues d'après É. Zola, réalisation de Raymond Leboursier, supervisé par Marcel Pagnol).
1948. LA BELLE MEUNIÈRE (couleur Roux Color).
1950. LE ROSIER DE MADAME HUSSON (adaptation et dialogues d'après G. de Maupassant, réalisation Jean Boyer).
1950. TOPAZE (troisième version), avec Fernandel.
1952. MANON DES SOURCES.
1953. CARNAVAL (adaptation et dialogues d'après É. Mazaud, réalisation Henri Verneuil).
1953-1954. LES LETTRES DE MON MOULIN (d'après A. Daudet).
1967. LE CURÉ DE CUCUGNAN (court métrage TV d'après A. Daudet).

Films tournés après la mort de Marcel Pagnol :

1985. JEAN DE FLORETTE et MANON DES SOURCES, réalisation Claude Berri.
1990. LA GLOIRE DE MON PÈRE et LE CHÂTEAU DE MA MÈRE, réalisation Yves Robert.

Les films de Marcel Pagnol sont disponibles en vidéo-cassettes (CMF Video).

CRÉDITS PHOTOGRAPHIQUES

Collection personnelle Jacqueline Pagnol : 6-7 (2) 8-9 (1) 12-13 (2) 14-15 (1,2) 16-17 (1,2) 20-21 (1,2) 30-31 (1,2,3) 32-33 (2,3,4) 34-35 (1,2) 40-41 (1,3) 60-61 (1) 66-67 (1,2) 82-83 (1) 84-85 (3) 88-89 (2) 90-91 (1) 106-107 (1) 116-117 (1,2) 118-119 (1,2) 120-121 (1) 122-123 (2,3) 132-133 (5) 134-135 (1) 136-137 (1,2) 138-139 (1,2) 142-143 (1) 148-149 (1,2) 152-153 (1,2) 154-155 (1,2,3) 156-157 (1,2,3) 158-159 (2) 160-161 (2,3,4) 164-165 (1,3) 166-167 (2) 170-171 (2) 178-179 (1,3,4) 182-183 (1)
Les Films Marcel Pagnol : 62-63 (2,4) 64-65 (1,2,3) 66-67 (3,4) 68-69 (1,2,3) 70-71 (1) 74-75 (1,3) 76-77 (2,3) 78-79 (3) 80-81 (1,2,3,4) 82-83 (2,3) 84-85 (1,4) 86-87 (2,3) 88-89 (3) 90-91 (2,3) 92-93 (1) 94-95 (2) 96-97 (1,2,3) 98-99 (1,2) 100-101 (2,3,4) 104-105 (1,2) 120-121 (2,3) 122-123 (1) 124-125 (1,2,3,4) 126-127 (1,2,4) 128-129 (1,2,3,4)
Reprographie de Marseille : 24-25 (1) 26-27 (2) 30-31 (1) 138-139 (3) 140-141 (1)
Archives de la ville de Marseille : 12-13 (1) 38-39 (1)
Le Cri d'Aubagne : 8-9 (3) 10-11 (1,2) 142-143 (2)
Le Provençal : 188)
Collection André Bernard : 50-51 (3) 52-53 (3) 58-59 (1) 60-61 (3) 62-63 (1,3) 78-79 (2) 170-171 (1)
Société des Amis de Dullin : 48-49 (1)
Collection Dubout : 168-169 (2,3,4,5)
Collection Giordani : 98-99 (3)
Collection Luppi : 18-19 (1) 24-25 (2) 32-33 (1) 144-145 (2) 146-147 (1)
Document D. Merlin : 180-181 (2)
Éditions Pastorelly : 136-137 (3)
Photos AGIP : 102-103 (1) 108-109 (1,2,3)
Photo Yvon Beaugier : 134-135 (2)
Photo Maurice Bertrand : 146-147 (2)
Photo Roger Coral : 150-151 (1)
Photos Roger Corbeau : 74-75 (4) 86-87 (1) 94-95 (1) 174-175 (2)
Photo Domenech : 176-177 (1)
Photo Christian Dresse : 6-7 (1)
Photo Erpé : 118-119 (3)
Photo Robert de Hoé : 180-181 (4)
Photos Jeannelle – *Paris-Match* : 152-153 (3) 180-181 (3)
Photo Lenoir-7 Jours : 166-167 (3)
Photo Henri Moiroud : 182-183 (3)
Photo Monde et Caméra : 42-43 (1)
Photos Roger-Viollet : 42-43 (2) 56-57 (1) 114-115 (1,2,4) 130-131 (4) 180-181 (1)
Photo Pierre Vals : 100-101 (1)
Photo Vauthey : 102-103 (2)
Collection personnelle Raymond Castans :158-159 (1) 166-167 (2) 176-177 (2) 184-185 (1) 186-187 (1,2)

Cet ouvrage a été imprimé par l'imprimerie Bussière à Saint-Amand-Montrond (Cher) en mars 1995. N° d'impression : 751.
N° d'édition : 160. Dépôt légal : mars 1995.